Reick • Polizist, Freund, Helfer und Mensch

Walter Reick

Polizist, Freund, Helfer und Mensch

Geschichten aus dem Alltag der Polizei

© Walter Reick, Winningen
Alle Rechte vorbehalten
Satz: VDP Buchvertrieb, Hilden/Rhld.
Druck und Bindung: Griebsch & Rochol Druck, Hamm
Printed in Germany
ISBN 978-3-00-054515-3

Vorwort

Liebe Leserinnen und Leser,

mit dem Kauf dieses Buches haben Sie zwei gute Entscheidungen getroffen.

Auch wir, die dieses Buch für Sie zusammengestellt haben, sind von zwei Beweggründen geleitet. So wollen wir zum einen mit dem Verkauf des Buches Kinder in besonderen Lebenssituationen unterstützen. Während unserer Arbeit haben wir allerdings festgestellt, dass die Sammlung von Geschichten tauglich ist, auch das Interesse und die Neugier am Polizeiberuf zu wecken. Darüber hinaus zeigen wir hier andere Blickwinkel der Polizeiarbeit, die unseren Alltag bestimmen. Vielleicht taucht auch dabei mehr Verständnis für unsere Arbeitsinhalte auf.

Sie spenden also für wohltätige Zwecke und gewinnen Einblicke in die Polizeiarbeit.

Versetzen Sie sich für die Stunden mit diesem Buch in kleine Ausschnitte der Arbeitswelt eines Polizisten bzw. vieler Polizisten. Manchmal werden Sie die Verantwortung und die Machtbefugnisse spüren, die unseren Alltag begleiten. Sie lernen vor allem auch Situationskomik kennen und unseren regionalen Humor, den wir zur Lösung von Problemlagen auch einsetzen können, und der uns andere schwierige Erlebnisse leichter verarbeiten lässt. Mit diesen Anekdoten und Episoden unserer Arbeiten nehmen wir Sie mit hinter die Kulissen und vielleicht entwickelt sich bei dem einen oder anderen jungen Leser Interesse für den Beruf des Polizisten.

Erwarten Sie keine literarischen Meisterleistungen von uns, sondern nehmen Sie die Sammlung als sehr gut gemeinte Fleißarbeit, um die Polizei von anderen Seiten kennenlernen zu können und vor allem, um Hilfe auf diesem neuen Weg leisten zu können.

Einen kleinen literarischen Trick haben wir angewendet. Natürlich sind die Namen in den Anekdoten frei erfunden. Absolut frei in den Polizeidienst eingetreten ist unser fiktiver Kollege Herr Braun. Aus seiner Perspektive ließ sich manches besser darstellen. Wir haben versucht, ihm eine gewisse Position zu geben und ihn damit realistisch wirken zu lassen.

In diesem Buch wird der Einfachheit halber nur die *männliche Form* verwendet. Die *weibliche Form* ist selbstverständlich immer mit eingeschlossen.

Während des Schreibens wurde uns deutlich, wie hilfreich es sein kann, Begriffe aus der Polizeiarbeit zu erklären und umgangssprachliche Ausdrücke auf ihre Herkunft zu überprüfen. So finden Sie am Ende des Buches ein Glossar, das auch neue Informationen für Sie bereit hält.

Diese Anekdoten haben auch uns viel über unsere Arbeit gezeigt, denn wir haben aus und von ihnen gelernt, noch genauer und besser zu werden.

Das Besondere aber ist entstanden, nachdem wir entschieden hatten, dass dieses Buch entsteht. So viele haben uns unterstützt, mit ihren Erfahrungen, ihren Ideen, ihrer Professionalität ihren Vorabbestellungen, dass wir Ihnen eigene Seiten im Buch gewidmet haben.

Mein Dank gilt allen, die am Zustandekommen dieses Buches mitgeholfen haben, und meinen besonderer Dank spreche ich aus für

Michael Nachtsheim	Karlheinz Weidung
Josef Karbach	Olaf Pelz
Reinhold Brenner	Alfred Stölting
Reinhard Lucas	Eric Asteroth
Frank Maximini	Markus Steffen
Horst Birk	Karl-Heinz Michels
Ulrich Struwe	Paul Marks
Thomas Buchholz	Udo Bressan
Herbert Maury	Gusti Erdel
Karl Braun	Richard Böttcher
Bernd Wolf	Bernd Jung
Claus Brückner	Norbert Heck
Stefan Schneider	Max Trutzel
Eddy Bragard	Richard Böttcher
Horst Hannappel	Lothar Schmeißer
Herbert Maury	Winni Streit
Detlev Maurer	Gerd Hens

Herbert Blaeser

Karl Heinz Weidle

Bernhard Schneider

Tanja Weilburg-Süßenbach

Reiner Probst

Johannes Gräf

Polizeipräsidium Koblenz

Gewerkschaft der Polizei

und viele andere.

Peter Merten

Jürgen Bender

Jens Kanwischer

Verena Baumann

Pascal Krause

Manche Kolleginnen und Kollegen werden sich selbst in den Geschichten wiedererkennen, dies ist von allen ausdrücklich genehmigt und gewünscht.

Wir alle spenden mit großer Freude den Erlös, der mit diesem Buch hoffentlich erzielt werden kann, an krebskranke Kinder und Kinderhospize deutschlandweit.

Besonderen Dank sagen wir der Grafikerin und Designerin Frau Martina Kristens (MK – Marketing, Kommunikation) für ihre liebevollen Illustrationen, Herrn Hans-Joachim Rütz, Herstellungsleiter beim Verlag Deutsche Polizeiliteratur, für die Geduld und die vielen wertvollen Unterstützungen und Dank auch an alle anderen, die mit ihren Beiträgen zu dem Erscheinen dieses Buches beigetragen haben.

Mein ganz besonderer Dank gilt Frau Christiane Tobschall (Institut für Systemische Beratung und Entwicklung, Lübeck), die, wie alle ehrenamtlich, für den guten Zweck das Lektorat übernommen hat.

All den Kindern, die fleißig zu einzelnen Geschichten des Buches gemalt haben.

Weiterhin danke ich meiner Familie, die mich auch in vielerlei Hinsicht unterstützt hat.

Haben Sie viel Freude an dem Buch und der Gewissheit, dass Sie eine gute Tat für Kinder geleistet haben.

Ihr

Walter Reick

Inhaltsverzeichnis

Kapitel 1

Dienstantritt, mein erster Frühdienst

Wir präsentieren Ihnen hier den fiktiven, also erfundenen und frisch ernannten Kommissar Braun, mit dessen Augen und Ohren Sie auf den folgenden Seiten die Anekdoten erleben werden.

In diesem Kapitel erlebt Herr Braun also seine neue Wirkungsstätte. Gönnen Sie sich seine Welt, indem Sie mit ihm so tun als ob! Viel Spaß. Ihr „Ich" ist jetzt Kommissar Braun.

Ich schaue in den Kleiderschrank. Da hängt sie: meine blaue Uniform mit einem silbernen Stern auf den Schulterklappen und auf der linken Brust ein Schild, das meinen Namen trägt. Ich bin jetzt Kommissar.

Ein freudiger Schauer überkommt mich. Ich schaue in meinen Kalender: heute Frühdienst, ab 06:00 Uhr. Die armen Kollegen des Nachtdienstes warten schon sehnsüchtig auf die Ablösung. Ich löse 15 Minuten früher ab, der Berufsverkehr fängt schon an, sollte etwas passieren, so kann der Frühdienst schon die Einsätze wahrnehmen.

Unfälle, Einbrüche, Familienstreitigkeiten und das gesamte Spektrum des Einsatzgeschehens, das auf eine Polizeiwache so zukommt, orientiert sich nicht an den Ablösezeiten, 24-Stunden rund um die Uhr, mit drei Schichten. Frühdienst von 06:00 bis 13:00 Uhr, Spätdienst von 13:00 bis 20:00 Uhr und Nachtdienst von 20:00 bis 06:00 Uhr. Dazwischen noch Sonderdienste und zusätzliche Einsätze. Überstunden sind vorprogrammiert.

Ich sehe mich in meiner neuen Uniform im Spiegel. Mein Gott, ungewohnt. Noch ein paar Brote eingepackt und auf geht's.

Ich betrete die Polizeidienststelle. Meine Sinnesorgane stehen auf Alarm.

Die Augen reagieren hyperaktiv, drei Kollegen kommen mir entgegen, etwas blass aber irgendwie noch topfit. Sie begleiten einen alkoholisierten Mann, wohl ein Obdachloser. Sie gehen in den Keller, in den dortigen Polizeigewahrsam. Der Mann wird seinen Rausch ausschlafen und dann wieder auf die Menschheit und auf den nächsten Schnaps losgelassen.

Das Leben verpennt

Kommissar Braun steigt ein in die Routine und in die Geschichte seiner neuen Dienststelle:

Ich höre noch wie ein Kollege erzählt, dass der Obdachlose, er heißt Klaus, früher einmal Maurer war. Alkohol und finanzielle Probleme rissen die Familie und sein Ego auseinander. Klaus ist das Murmeltier der Pennerszene, er gehört zu den armen Kreaturen, die irgendwann im Leben verpennt und den Anschluss an das normale Gesellschaftsleben nicht mehr geschafft haben. Jetzt leben sie, wenn man das Leben nennen kann, auf der Straße und in einer Schattengesellschaft.

Sobald die warme Jahreszeit sich dem Ende neigt, begeht Klaus Straftaten mit dem einzigen Ziel, über Winter ins Gefängnis zu kommen. Nicht geleitet von krimineller Energie, sondern vom Lebenserhaltungstrieb. In der Justizvollzugsanstalt ist es warm und die Verpflegung gewährleistet. Okay ein Nachteil hat die Sache, als Maurer muss er in der JVA einige Reparaturen durchführen, lästig aber nicht zu ändern.

Vor zwei Jahren wurde dem Klaus durch einen Polizeibeamten übel mitgespielt. Klaus hatte sich wieder einen Haftbefehl für den Winteranfang besorgt und schlich ständig vor der Polizeidienststelle hin und her. Zu seiner Verwunderung nahm ihn keiner fest. Was war passiert? Die Polizei hatte den dramatischen Entschluss gefasst, Klaus erst zu Beginn des Frühjahres festzunehmen. Ende März war es dann soweit, vier Monate JVA und das im Sommer. Das „sitzt", im wahrsten Sinne des Wortes.

Die Kollegen sind mit Klaus im Keller verschwunden und meine Nase zieht noch den ekligen Geruch von Schweiß, Alkohol und kaltem Rauch ein.

Die Polizeidienststelle ist ein Provisorium und dies bereits seit Jahrzehnten. Früher soll es mal eine Zulassungsstelle gewesen sein. Der Bau stammt wohl noch aus den fünfziger Jahren. Immer wieder musste das Gebäude den neuen Anforderungen an eine moderne Polizeidienststelle für viel Geld angepasst werden. Dies betraf sowohl den Gewahrsam, als auch die gesamte technische Ausstattung. Früher, so ein Kollege, hackte man „auf der Olympia und auf der Gaby" rum. Ich bemerkte erst später, dass es sich um alte Schreibmaschinen handelte. Heute erinnern sich nur noch die Alten an diese Zeit: eine Zeit ohne Textverarbeitung und all die fantastischen Möglichkeiten der modernen EDV.

Auf dem Weg zum Aufenthaltsraum passiere ich die Vernehmungszimmer: alte Räume mit abgenutztem Mobiliar, immer etwas muffig riechend, immerhin mit modernen PCs.

Ich sehe dort noch einige Polizisten des Nachtdienstes. Sie wirken übernächtigt und ausgelaugt. Ich erkenne bei diesem ersten Eindruck, dass dieser jahrzehntelange Wechselschichtdienst an der Substanz nagt. Ein Arzt eines nahen Krankenhauses stellte vor Kurzem fest, dass immer mehr Polizeibeamte unter Herz-Kreislauf-Erkrankungen leiden. Der gesamte Biorhythmus kommt durcheinander und wirkt wie ein fortwährender, nicht endender „Jetlag".

Alle Schichtdienstler sind auf ständiger Suche nach neuen Arbeits- und Schichtmodellen. Fachleute, Praktiker und jahrelange Studien haben nur ein Ziel:

Wie wird der unvermeidbare Dienst rund um die Uhr gesünder?

Wobei der Begriff „gesund" durch „erträglicher" ersetzt werden sollte, denn Schichtdienst kann nie gesund sein. Bei all den gutgemeinten Vorschlägen für neue Modelle darf aber auch die Akzeptanz der Schichtler nicht außen vor bleiben, denn Unzufriedenheit macht auch krank.

Ich betrete den Aufenthaltsraum, hier sitzen sie nun, meine Kollegen der Dienstgruppe, ich überblicke schnell, drei Frauen und fünf Männer. Kaffeegeruch kommt mir entgegen, der Raum ist aufgeräumt. Insgesamt zwei Zeitungen sind so aufgeteilt, dass jeder einen Teil ergattern konnte. Hier gibt es eindeutig eine Hitliste, wer zuerst kommt darf auswählen, gefragt ist vor allem der Sportteil. Wer zuletzt kommt, darf die Todesanzeigen lesen. Ich komme tatsächlich als letzter und studiere verunsichert, aber gewissenhaft die Todesanzeigen. Ein Kollege erklärt mir, ich möge bitte die Namen der Todesanzeigen mit denen der Fahndungsliste abgleichen. Es könnte ja eventuell einer aus der Liste raus gestorben sein. Ich bin mir nicht ganz sicher, ob ich das jetzt wirklich machen soll oder nicht. Ich ziehe es vor, zunächst mal eine Tasse Kaffee zu trinken und die Sache auszusitzen.

Dies war äußerst weise, ich sollte später erfahren, dass dies ein Spaß war, ein Test, den ich mehr zufällig bestanden habe.

Die erste Streife

Es wird ernst für den Kommissar Braun, er beobachtet alles sehr genau und freut sich auf die neuen Herausforderungen:

Mit einem Male betritt ein etwas kräftiger Kollege den Aufenthaltsraum, die Kollegen vertiefen sich voll konzentriert in die Zeitung, keiner schaut auf, kein Blickkontakt, wer zuckt verliert.

„Ich hätte einen kleinen Parkunfall zu vergeben", teilt der Dicke süffisant mit.

Er ist der Wachhabende, heißt Jupp und wirkt sehr erfahren. Er ist der, der Notrufe, andere Telefonate und Funksprüche entgegennimmt und die Einsätze koordiniert. Je nach Einsatzaufkommen ein stressiger Job. Er benötigt unbedingt Orts- und Personenkenntnis, kennt die Strukturen der benachbarten Behörden, kennt die Schwächen und Stärken der einzelnen Streifenteams und setzt sie möglichst ruhig und zielgerichtet ein.

Keiner zuckt, Brötchen oder Unfall, was ist jetzt wichtiger. Ich bin der einzige, der zuckt und nicht mit dem Kopf in der Zeitung hängt, naja, so interessant ist die Todesanzeige auch wieder nicht.

Ich erhalte den Auftrag und mein Streifenpartner, ein älterer, in vielen Dienstjahren etwas ergrauter, großer schlanker Kollege, leert die Kaffeetasse, packt sein halb gegessenes Brötchen wieder ein, und wir steigen in den Streifenwagen. Gemütlich fahren wir zum Unfallort. Ich bin zunächst mal begeistert, im Streifenwagen Technik pur, überall Knöpfe, viel mehr als in meinem privaten Pkw. Ich kann noch nichts damit anfangen, aber ich sollte dies bald lernen. Die Sache fängt an, mich immer mehr zu interessieren. Meine erste Streifenfahrt, was wird jetzt auf mich zukommen? Ich bin plötzlich mitten drin.

Jetzt erlebe ich eine Sensation, rund um den Streifenwagen hat sich in Bezug auf den fließenden Verkehr Zeitlupentempo eingestellt. Wo sonst gerast wird, wird jetzt verlangsamt, vor Lichtzeichenanlagen bei Gelbphase Vollbremsungen, aufgeregte Bewegungen im Pkw, keine Gymnastik am frühen Morgen, nur schnell anschnallen, es könnte Geld kosten.

Uns kommt ein Pkw entgegen, ein junges Mädchen sichtlich verliebt, lächelnd, sie scheint zu flirten, das Handy in der rechten Hand, die Hand mit dem Handy am rechten Ohr, sie ist hübsch, da ist wohl ein Glückspilz am anderen Ende.

Plötzlich ändert sich der Gesichtsausdruck, der Kopf wird rot, die Lippen ziehen sich zusammen, Panik, das Handy fliegt in den Fußraum des nicht vorhandenen Beifahrers. Ursächlich für dieses Verhalten wird nicht ein Krach mit dem Freund, sondern eher Angst vor einem Bußgeld und dem Freund und Helfer sein.

„Hast Du das gesehen?", fragt mich mein Streifenpartner, der übrigens Lucci genannt wird und werden will. Lucci erklärt mir sofort, dass das ja nicht „die Polizei, dein Freund und Helfer", sondern tatsächlich, „Die Polizei, mein Freund, ich helf dir", heißt. Wir fahren weiter, die Handyfee hat Glück gehabt.

Die erste Verwarnung

Der neue Kommissar erlebt, dass Freundlichkeit auch die Akzeptanz für teure Brötchen ermöglicht:

Wir kommen an einer Bäckerei vorbei, vor der Bäckerei parkt ein Pkw im absoluten Halteverbot. Der Linienbus wird blockiert, er ist vollbesetzt, verärgert schaut uns der Busfahrer an. Wir postieren uns eine kurze Zeit hinter dem Falschparker. Nach wenigen Sekunden kommt eine nette blonde Dame aus der Bäckerei. Man sieht, dass sie eine Tüte mit Brötchen mit sich führt. Wir sitzen im Funkstreifenwagen. Lucci spricht die Dame sehr freundlich und ruhig aus dem geöffneten Fahrerfenster an: „Entschuldigen Sie bitte, eine Frage, was haben die Brötchen gekostet?"

Die Frau wirkt erleichtert und antwortet ihrerseits freundlich: „Ein Euro und 80 Cent, Herr Wachtmeister."

Lucci antwortet ganz freundlich und betont ruhig: „Sie irren, 21 Euro und 80 Cent." Sie ist völlig verdutzt und überrumpelt und zahlt eine Verwarnung von 20 Euro. Die Quittung packt sie unbewusst in die Brötchentüte, wo sie aufgrund der Gesamtumstände gut platziert ist.

Sie wird jetzt nach Hause oder zur Arbeit fahren. Dort wird sie auf die Polizei schimpfen und alle werden ihr Recht geben. Ich gehörte bis heute auch immer zu der Gruppe, die das eigene Fehlverhalten verdrängt und die „böse" Polizei, die einem das Geld aus der Tasche zieht, als die eigentlich Schuldigen ausmacht. Jetzt bin ich auf der anderen Seite, ich merke, wie sich langsam ein Sinneswandel einstellen will. Ich wehre mich noch, aber schon bald werde ich Verständnis für die Polizisten auf der Straße entwickeln.

Die Parksünderin wird die teuren Brötchen dennoch essen und bald verdaut haben und, dies ist die Erfahrung, schon in der nächsten Woche wieder im Halteverbot stehen, um Brötchen zu kaufen. Die Haltwertzeit des Ärgers über eine Zahlkarte ist nicht sehr hoch.

Der erste Unfall

Auch kritische Situationen, lernt der Kommissar Braun, haben immer mehrere Aspekte, die zu berücksichtigen sind:

Wir erreichen die Unfallstelle, zwei aufgeregte Frauen lauern, sie sehen uns und in dem Augenblick als ihre Augen den Streifenwagen erblicken, erfolgt eine komplette Verhaltensänderung. Eine Frau läuft uns entgegen, sie ist nicht mehr Herr ihrer weiblichen Worte, die andere wird urplötzlich von Weinkrämpfen geschüttelt, sie verfällt in eine tiefe Depression.

Es muss etwas Fürchterliches passiert sein, ein Drama. Lucci quält sich aus dem Streifenwagen. Während ich die weinende Frau zu beruhigen versuche, schaut sich der Kollege den Schaden an. Mittlerweile stellt sich heraus, dass beide gleichzeitig langsam rückwärts aus einer Parklücke fuhren und sich leicht, eher zärtlich berührten. An beiden Pkw ist einfach kein Schaden zu erkennen.

Mein Kollege fragt bedächtig: „Wo ist ihr Problem, wo ist der Schaden?"

„Mein neuer Pkw hat an der Rückseite eine Beule"

„Das kann nicht sein", erklärt er.

„Was soll das?", reagiert die aufgeregte Frau, deren Redesalven gleich einer Maschinenpistole, die auf Dauerfeuer gestellt ist, aus ihrem Munde schießen.

„Liebe gute Frau, wenn, dann hat ihr Pkw eine Delle und keine Beule, eine Beule haben sie am Kopf, wenn sie sich stoßen. Ihr Pkw hat jedoch keine Delle, nur der aufgeriebene Staub täuscht im Schatten der Morgensonne eine Delle vor."

Nach dieser fast lyrischen Erklärung beruhigen sich beide Frauen, sie betrachten erneut den Schaden, der keiner ist, und fahren von dannen. Kein Dankeschön, kein auf Wiedersehen, weg, einfach weg. Dabei hatte ich die tief Depressive doch so einfühlsam getröstet. Mein Kollege meint nur: „So sind sie, die Frauen, die ändern wir nicht mehr."

Zurück zur Dienststelle, das halbe Brötchen und ein neuer Kaffee warten, der Tag ist noch lang, die Vorbereitung muss stimmen. Hunger und Durst machen nicht nur müde, sondern auch aggressiv, und das sollte ein Polizist nie sein, da er aus beamtenrechtlicher Verpflichtung zur Erhaltung der Dienstfähigkeit angehalten ist. Ruhig soll er auftreten, der Schutzmann, präventiv Einschreiten, Unfälle und Straftaten schon bekämpfen, bevor sie passieren.

Ich lausche dem Gespräch einer anderen Streifenbesatzung.

„Wir werden demnächst weniger Personal auf die Schichten bekommen, weil wir gut gearbeitet haben. Tatsächlich wirft die Statistik aus, dass aufgrund der intensiven Maßnahmen zur Bekämpfung der Kriminalität und Verkehrsunfallsituation die Zahlen rückläufig sind. Weniger Kriminalität, weniger Unfälle ergibt weniger Personal.

Unser Ziel für das nächste Jahr kann also nur lauten, mehr Unfälle, mehr Kriminalität und damit wieder mehr Personal."

Wie haben die Gallier immer festgestellt - die spinnen die Römer -, nicht Wenige in den Reihen der Polizei denken ähnlich über die Statistik und ihre Auswirkung auf die Praxis.

Ich ordne die Zeitungen, führe wieder zusammen, was zusammen gehört. Es ist wohl eine Art Aktionismus, ich will mich positiv einbringen.

Der Morgen verläuft ruhig, keine gravierenden Geschichten, wir sind insgesamt vier Funkstreifenwagen im Einsatz, auf die sich die Vorkommnisse des Vormittages verteilen.

Ich bin als Neuer noch sehr erlebnishungrig und bemerke eher beiläufig, dass es doch bis jetzt ein ruhiger Tag ist.

Entsetzt blickt mein Partner auf und beschwört mich, solche gefährlichen Worte nicht einmal zu denken. Er befürchtet, dass ich mit diesen Worten womöglich eine Katastrophe provoziere. Wobei ich schnell merke, dass die größte Katastrophe für den Vielkaffeetrinker die mit einem Ereignis verbundene Arbeit ist. Ich schweige stille, der ansonsten ruhige und gelassene Kollege senkt wieder den Kopf über einen Teil der mittlerweile wieder geteilten Zeitungen.

Der Frühdienst endet um 13:00 Uhr, sieben Stunden gingen im Fluge vorbei, morgen habe ich Nachtdienst, ab 20:00 Uhr. Ich fahre nach Hause.

Kapitel 2

Der erste Nachtdienst

*Kommissar Braun taucht ein in die Welt der Schichtdienste, die dem Körper und
der Konzentration viel abverlangen. Der Hauch des Unbekannten hilft, Geist und
Körper wach zu halten.*

Morgens versuche ich etwas länger zu schlafen. Ich muss ja vorschlafen.
Vergeblich, meine innere Uhr weckt mich wie immer um 08:00 Uhr. In
zwölf Stunden wird mein Nachtdienst beginnen, zehn Stunden wird er
dauern und ungefähr eine Stunde später werde ich, wenn nichts Außeror-
dentliches passiert, wieder im Bett liegen. Das sind 23 Stunden, das geht
nicht. Ich muss versuchen vorzuschlafen, nur wann? Ich lege mich am
späten Vormittag ins Bett und finde keinen Schlaf. Ich lege mich am frühen
Nachmittag ins Bett und werde wieder nicht einschlafen. Gegen 17:00 Uhr
ein dritter Versuch, tatsächlich, ich schlafe ca. eine Stunde. Jetzt bin ich mü-
der als vorher, egal um 20:00 Uhr geht's los, ich muss, ob ich will oder nicht.

Die Neugierde treibt mich, ich erkenne den Unterschied zu anderen Berufen. Bei den meisten Berufen ist der Tag planbar, ich weiß, was auf mich
zukommt, welche Arbeiten ich wann und wie zu bewältigen habe. Nur bei
der Polizei ist das alles ungewiss, Du weißt nicht, was auf dich zukommt
und gerade das ist der Punkt, der mich reizt, der immer eine gewisse Spannung aufbaut, der diesen Beruf von Langeweile befreit, zumindest mich,
als den Neuen.

20:00 Uhr, ich betrete die Wache, der Nachtdienst beginnt.

Wo ist mein Streifenpartner, keiner da, auf der Wache sitzt Jupp unser
Wachhabender. „Heute ist viel los, drei Besatzungen sind schon draußen.
Zwei Unfälle und ein Einbruch."

Was für ein Unterschied zum Frühdienst, die Gemütlichkeit ist verflogen,
die Nacht fängt ja schon gut an. „Alles im grünen Bereich. Deine Gesichtsfarbe ist auch blass, ja eher grün, Du hattest wohl schlecht vorgeschlafen,
da kann ja nichts mehr schief gehen", klingt es mir entgegen. Da ist er, mein

Streifenpartner, im Gegensatz zu mir topfit. Er ist wohl ein Nachtmensch und vor allem diese Unregelmäßigkeit gewohnt. Ich freue mich irgendwie, ihn wieder zu sehen. Ich verstehe jetzt, warum in so vielen Polizeifilmen oft die enge Verbundenheit von Streifenpartnern hervorgehoben wird. Diese Verbundenheit, diese Einheit entwickelt sich im Laufe der Jahre, man vertraut sich und muss sich aufeinander verlassen können. Ich sollte dies bald persönlich erfahren.

Der treue Husar

*Die Welt der anderen kennenzulernen, erfordert auch viel Berufs- und Lebenser-
fahrung, das erfährt Kommissar Braun durch seinen Streifenpartner:*

Auf dem Leittisch leuchtet die Direktverbindung zum Rettungsdienst
auf, der Außenlautsprecher ist eingeschaltet, ich höre mit.

„Könnt Ihr uns mal unterstützen? Wir sind in einer Wohnung im fünften
Stock eines Hochhauses, wir sollen mit dem Krankenwagen einen alten
Mann in ein Seniorenheim bringen. Leider liegt der Mann im Bett und wei-
gert sich beharrlich, aufzustehen und mit uns mitzufahren."

Jupp sagt grinsend zu: „Ich schicke mein bestes Team für diese hochsen-
sible Einsatzlage."

Ich schaue mich um, wir sind das einzige einsatzbereite Team. Welch ein
Lob von unserem Dienstgruppenleiter. Stolz teile ich dies meinem mittlerweile von der Toilette auferstandenen Kollegen mit: „Hast Du gehört,
bestes Team?"

„Ach mein Junge, Du musst noch viel lernen, das sagt der zu jedem und
die Leute draußen glauben das auch noch. Nur bei uns, da stimmt das
natürlich."

Auf der Anfahrt zu dem alten Mann berichtet mein heute etwas redse-
ligerer Streifenpartner, dass er mal einen Beamten bei der Kriminalpolizei
kannte, der auf einer kleinen Kriminalinspektion seinen Dienst verrichtete.
Wie es der Zufall wollte, war dieser Kollege völlig allein auf der Dienststelle und musste so alle Funktionen selbst übernehmen.

Prompt rief ein Mann an und teilte mit, dass sein Pkw aufgebrochen und
sein Navigationsgerät entwendet wurde. Er würde normal zur Dienststelle
kommen, aber er kenne den Weg nicht und ohne Navigationsgerät traut er
sich nicht durch die Stadt.

Der Kollege der Kriminalpolizei sagte nur kurz: „Moment mein Herr, ich
verbinde sie mit dem Leiter der hiesigen Kriminalinspektion."

Nach kurzer Pause und doppelter Betätigung der Verbindungstaste meldet er sich wieder: „Leiter der Kriminalinspektion, wie kann ich Ihnen
weiterhelfen?"

Der Anrufer erklärt erneut sein Anliegen und der clevere Kriminalbeamte erklärt: „Mein Herr, ich schicke Ihnen zur Klärung dieser Sachlage meinen besten Mann raus." Er steht auf und fährt selbst.

Die Sache wurde bekannt, weil sich der Anrufer beim tatsächlichen Chef später bedankt hat.

Mir gefällt diese Geschichte, die doch zeigt, dass die Beamten im Umgang mit dem Bürger und bei der Außendarstellung der Polizei sehr geschult sind.

Doch ein Paradebeispiel von Sensibilität und Einfühlungsvermögen sollte ich jetzt erleben. Wir parken unseren Pkw vor dem Hochhaus neben dem Rettungswagen und steigen auf zum fünften Stock. Ein langer Weg, der Kollege stellt fauchend fest, dass es immer so ist, Einsätze führen zu 90 Prozent in die oberen Etagen. Wir betreten die Wohnung. Ein Sanitäter kommt auf uns zu und zeigt über den Flur in einen hinteren Raum. Wir sehen ein Bett und bis zur Nase zugedeckt einen älteren Mann mit kleinem Gesicht, großer Nase und abstehenden Ohren.

Eine tragische Situation, jetzt wohnt der Mann schon über 30 Jahre hier, die Erinnerungen an seine Frau und sein Leben stecken in den alten Wänden. Jetzt soll er, zunächst an seine Freiwilligkeit appellierend, notfalls auch mit Gewalt in ein Heim gebracht werden, in dem es ihm objektiv besser gehen wird, aber seine subjektive Einstellung zu diesem Wechsel ist eine andere.

Mein Kollege, dessen Krawatte etwas lose am Hals hängt, die Hemdsärmel hochgekrempelt sind und die Schuhe dringend einen neuen Anstrich brauchten, schaut sich die Wohnung an. Aufgeräumt, alles sauber, an der Wand alte Säbel und alte Fotos aus der Militärzeit.

Der Kollege bittet um ein paar Minuten Geduld und verlässt die Wohnung. Ein paar Minuten kommt er wieder mit hochrotem Kopf und nach Luft schnappend zurück. Ich wundere mich, seine Schuhe glänzen, seine Krawatte ist neu gebunden, der obere Knopf des Hemdes geschlossen, die Uniformjacke, die er eigentlich nie anziehen will, sitzt wie angegossen, ein wenig knapp, der Bauch drückt doch. Jetzt stellt er richtig etwas dar, eine Uniform wirkt tatsächlich nur, wenn sie auch angemessen getragen wird.

Zielstrebig schreitet er im strammen Schritt in das Schlafzimmer, tritt vor das Bett des armen Mannes, schlägt die Hacken zusammen, legt die rechte

Hand an die Stirn und fragt mit deutlichen, klaren und lauten Worten: „Hammse jedient?"

Der alte Mann zieht sofort die Bettdecke zurück, er ist komplett bekleidet.

„Jawohl", krächzt er, woraufhin der Kollege in der gleichen Tonlage befiehlt:

„Folgen se mia. Hab ne adäquate Unterkunft für se besorgt!"

Zu meiner Verwunderung steigt der Mann in seine Schuhe, er zeigt auf einen wohl für den Notfall bereitgestellten Koffer, den ich mir greife, und folgt uns zum Krankenwagen. Der Kollege nimmt noch ein paar Familien- und Militärfotos von der Wand, legt diese zu dem alten Mann in den Krankenwagen. Der Mann bedankt sich, er wirkt froh und glücklich und fährt freiwillig mit.

Ich bin beeindruckt und stolz, mit so einem hochsensiblen Kollegen, der einfach nur Mensch ist, auf Streife fahren zu dürfen. Die Polizei dein Freund und Helfer, in dieser Situation absolut passend.

Knöllchenschreiber, Radarfallenbauer, Bulle und mehr, so sah ich bis jetzt die Polizei. Wie hab ich selbst schon über die Polizei geschimpft und hergezogen. „Die Kleinen fangt ihr, an die Großen kommt ihr doch gar nicht ran" oder „ihr wollt doch nur abkassieren". Das sind die Worte und Sprüche, die ich selbst immer wieder verärgert rausgehauen habe.

Ich bin jetzt selbst Polizist, ich bin mal auf der anderen Seite und schäme mich jetzt schon, dass ich oft so über meine Kollegen hergezogen habe. Jetzt sage ich schon „meine Kollegen". Ich fange an, nicht nur diesen schweren Beruf anzuerkennen, sondern auch Sympathie für die Frauen und Männer zu entwickeln, die sich dieser körperlichen und seelischen Belastung tagein tagaus aussetzen.

Lucci findet als erfahrener Polizist zu diesem Thema selbstkritische Worte:

„Es gibt in jedem Beruf schwarze Schafe, das ist nicht zu vermeiden. Es werden Fehler gemacht, und es finden sich auch charakterlich absolut ungeeignete Polizeibeamte in unseren Reihen. Deren Fehlverhalten wird jedoch von der Bevölkerung immer auf die gesamte Berufssparte übertragen, auf die Polizei, anstatt auf den Polizisten."

Wir fahren auf die Dienststelle, ich ordne die Zeitung, koche Kaffee und bediene den Kollegen. Wir sollten jetzt eine Stunde Ruhe haben, die Ruhe vor dem Sturm.

Ein tragischer nicht alltäglicher Verkehrsunfall

Der Alltag hält sehr oft leidvolle Ereignisse bereit, die auch von Kommissar Braun verarbeitet werden müssen:

Noch während alle über die Diskussion schmunzeln und der eine oder die andere sich noch einen Kaffee eingießt, klingelt das Telefon. Am Klang hört man deutlich, dass es sich um den Notruf handelt. Jupp läuft los.

Noch während er telefoniert, ruft er laut und bestimmend:

„Fertig machen! Drei Besatzungen raus. Schwerer Unfall auf der Bundesstraße. Vermutlich mehrere Schwerverletzte!"

Alle springen auf, der gerade frisch aufgesetzte Kaffee wird kalt werden, die Gesichtszüge der Kollegen und Kolleginnen verändern sich augenblicklich. Ein mulmiges Bauchgefühl stellt sich ein, besonders bei mir. Ich ahne, dass ich jetzt die Action erleben werde, die mein Leben verändern wird, und die ich nie mehr vergessen sollte.

Mir ist es nun vergönnt zu erleben, wie routinemäßig und professionell die Kollegen die Bewältigung des anstehenden Einsatzes angehen.

Noch beim Rauslaufen aus dem Polizeigebäude, über den Hintereingang in den Hof, werden Absprachen getroffen. Wer fährt bis zur Unfallstelle vor, wer sichert ab, welche Anfahrtsroute macht Sinn. Auf der Wache wirbelt Jupp, er verständigt mittlerweile vorsorglich das DRK. Dass es sich um einen folgenschweren Unfall handeln muss, ahnt Jupp bereits, da ständig neue Notrufe eingehen. Die Streifen, die auf der Anfahrt sind, werden vom Wachhabenden über den aktuellen Erkenntnisstand informiert.

Jupp alarmiert die Feuerwehr und bittet vorsorglich um Entsendung eines Teams mit Rettungsschere. Immer wieder erreichen neue Schreckensmeldungen die Dienststelle. Jetzt kann man nur hoffen, dass nicht noch etwas passiert. Das wäre dann kaum noch zu bewältigen.

Unsere Streife hat den Auftrag, den Verkehr an einer Kreuzung, unweit vom Unfallort abzuleiten und eine Vollsperrung einzurichten. Dies ist schnell erreicht.

Zu diesem Zeitpunkt staut sich der Verkehr schon über ca. zwei Kilometer.

Wir beobachten viele Fahrzeugführer, die, gefangen im abgesperrten Bereich, drehen. Keiner der Verkehrsteilnehmer, die von uns abgeleitet werden, ahnt, was für eine Tragödie sich derzeit zwei Kilometer weiter abspielt. Wir können es nicht jedem erklären, dafür ist keine Zeit, immer wieder halten Pkw an, deren Führer die tollsten und unwahrscheinlichsten Ausreden gebrauchen, um doch geradeaus weiter fahren zu können. Sie werden energisch weiter gewunken. Später werden einige von diesen Unbelehrbaren irgendwo an der Theke sitzen und über die Polizei schimpfen.

„Ich bin ein Bundesbürger, und ich darf daher auch auf der Bundesstraße fahren, wie und wohin ich will!"

„Ich werde mich beim Polizeipräsidenten über Sie beschweren."

Dies ist nur eine kleine Auswahl der Sprüche, mit denen wir uns auseinandersetzen müssen. Während das mein routinierter Streifenpartner an sich abprallen lässt, rege ich mich darüber fürchterlich auf.

Ich höre nun über Funk die erste Lagemeldung des Funkstreifenwagens, der unmittelbar an die Unfallstelle herangefahren ist.

„Ein Pkw befuhr eine im Gefälle befindliche Rechtskurve, driftete nach links in den Gegenverkehr und prallte frontal auf einen entgegenkommenden Kleinwagen einer Familie mit einem Kind. Der Unfallverursacher ist nicht mehr im Pkw, obwohl alle Türen verschlossen sind und der Pkw nur noch ein Metallknäuel ist. Nach dem Fahrer wird fieberhaft gesucht.

Die Familie konnte aus dem Pkw geborgen werden. Die Mutter liegt schwerstverletzt am Straßenrand auf dem Grünstreifen und wird versorgt. Das Kind liegt noch neben dem Pkw. Der Vater ist auf dem Fahrersitz kauernd eingeklemmt."

Der Kollege bittet noch dringend um Beiziehung einer zweiten Streifenbesatzung an den Unfallort. Diesen Auftrag erhalten wir.

Wir bahnen uns mit eingeschaltetem Blaulicht und Martinshorn einen Weg durch die unendlich scheinende Autoschlange. Viele Pkw-Führer haben geistesgegenwärtig bereits eine Gasse gebildet. Ich merke erst jetzt, wie wichtig so etwas ist.

Wir kommen am Unfallort an, und ich bin in diesem Augenblick nicht mehr fähig, zielgerichtet und geordnet zu denken. Ich sauge die Eindrücke auf, und kann sie nicht schnell genug verarbeiten. Ich stehe kurz vor einer Art Reizüberflutung.

Ich sehe eine Besatzung des Roten Kreuzes, die sich um die Erstversorgung der Eltern kümmert. Der Notarzt kniet neben dem Kind. Es ist ca. zwölf Jahre alt, ist nicht ansprechbar und hat einen viel zu dicken Bauch. Der Arzt steht auf, schaut kurz sehr traurig und lässt das Kind liegen. Er springt zu dem Vater des Kindes und startet dort mit der notärztlichen Arbeit.

Ich kann es nicht fassen: „Wieso lässt der das Kind liegen?", rufe ich in die Dunkelheit. Es dauert ein paar Sekunden, bis ich realisiere, dass das Kind tot ist.

Tot liegt es auf der Erde, zwischen Trümmerteilen. Alleine, nur meine Blicke sind bei dem Kind. Ich kann mich nicht mehr von ihm lösen. Lucci sieht mich, er kommt zu mir, spricht mich an:

„Was ist los? Denk nicht darüber nach, sonst wirst Du verrückt."

„Der Bauch, was ist mit dem Bauch?", stammele ich.

Lucci, der eigentlich keine Zeit hat, erklärt: „Das hat nur einen Grund, der Sicherheitsgurt war falsch angelegt, nur um den Bauch, nicht über die Schulter. Die Eingeweide sind durch den Druck geplatzt. Das Kind hatte keine Chance."

Die Feuerwehr hat in Windeseile einen Lichtmastwagen postiert, so wird die Unfallstelle jetzt gut ausgeleuchtet. Der Vater wird mit der Rettungsschere befreit und medizinisch versorgt.

Plötzlich schreit einer: „Der liegt nackt im Auto, da im Fußraum, splitternackt!"

Es handelt sich um den Unfallverursacher, der wie sich später herausstellen sollte, unter Drogen- und Alkoholeinfluss komplett nackt mit seinem Pkw unterwegs war. Er hatte das Glück, was Kindern und Besoffenen so gerne nachgesagt wird, er lebt und wird überleben. Nur das vor mir liegende Kind hatte kein Glück.

Es ist ein unschuldiges Opfer.

Die Rettungsschere wird nun zum zweiten Male eingesetzt. Es gelingt den professionell arbeitenden Männern und Frauen der Feuerwehr, den Mann aus seinem Auto, das eher einer Ziehharmonika gleicht, zu schneiden. Einen ölverschmierten Schlauch ziehen sie hinter sich her, über das tote Kind. Unfassbar, keiner von denen bemerkt das tote Kind. Ich kann es nicht mehr mit ansehen. Ich greife mit beiden Armen unter das Kind, packe zu, hebe es an und trage es zur Seite. An einer mit Blättern übersäten Böschung lege ich den Leichnam ab und beginne mit meiner ganz persönlichen Totenwache. Ich muss eine halbe Ewigkeit dort gestanden haben. Ich habe alles um mich herum ausgeschaltet, ich war nur noch für das Kind da.

„He, Neuer, was ist los, alles klar?", weckt mich Olaf, ein Kollege aus dem anderen Streifenteam.

Das Kind liegt mittlerweile in einen Blechsarg und wird jeden Moment zur Leichenhalle gebracht. Die Eltern und der „nackte Fahrer" rollen schon in Richtung Krankenhaus. Sie werden überleben.

Während die Kollegen noch einem Gutachter beim Vermessen der Unfallstelle behilflich sind und die Straßenmeisterei auf die Freigabe zur Reinigung durch den Gutachter und den anwesenden Staatsanwalt warten, fahre ich wie in Trance mit Lucci zurück zur Dienststelle.

Auf der Dienststelle angekommen, beginnen die Kollegen mit den erforderlichen Schreibarbeiten. Sie werden stundenlang damit befasst sein. Es sind fast alles routinierte Polizisten, doch allen steht das Ereignis ins Gesicht geschrieben.

Es klingelt, Onkel und Tante des toten Kindes kommen. Wer übernimmt jetzt das Wort, wer erklärt den beiden jetzt, dass das Kind tot ist. Wie werden die Eltern im Krankenhaus auf diese fürchterliche Nachricht reagieren, wer um Gottes willen muss das den Eltern beibringen?

Ich auf jeden Fall nicht mehr, ich werde von Lucci nach Hause geschickt. Er wird sich darum kümmern, dass ich am nächsten Tag eine psychologische Betreuung erhalte, damit ich nicht an diesem Trauma psychisch erkranke.

Ich weiß, dass ich diesen Unfall mit all den Folgen nie mehr vergessen werde. 1,4 Promille Alkohol im Blut und noch eine Dosis Haschisch. Der

Fahrer wird vor Gericht erklären, dass er sich nicht mehr an die Fahrt im nackten Zustand erinnern kann, dass er von dem Unfall nichts weiß. Das hilft ihm vielleicht, mit dieser schweren Last fertig zu werden, für das Kind kam jede Hilfe zu spät, die Eltern werden die Trauer ewig mit sich tragen.

Ich werde nie mehr einen Pkw führen, wenn ich auch nur einen Tropfen Alkohol getrunken habe, das weiß ich.

Zu Hause werde ich versuchen zu schlafen, es wird mir nicht gelingen, ich sollte mit einem darüber sprechen, Trost suchen, das Erlebte müsste einfach sofort raus.

Was ist das für ein Beruf. Du weißt nie, was auf dich zukommt. Während Du eben noch gelacht hast, gemütlich deinen Kaffee genossen hast, bist Du in einem Bruchteil von Sekunden in einer gigantischen Stresssituation, die Dich körperlich und seelisch aufs Höchste beansprucht. Es gibt genug Polizisten, die damit nicht umgehen können, die früher oder später psychische Probleme haben.

Ich denke gerade jetzt auch an die Mitarbeiter des Rettungsdienstes, an die Ärzte, Krankenschwestern und an die Männer der Feuerwehr. Sie alle leisten Großartiges.

Olaf resümiert: „Wenn wir als Polizei von der Unfallstelle wegfahren und mit den Schreibarbeiten beginnen, dann geht die Arbeit in den Krankenhäusern weiter. Wir können glücklicherweise die Verletzten abgeben, in der Hoffnung, dass ihnen jetzt geholfen wird. Viele Kollegen können aber nicht abgeben, die tragen diese Erlebnisse immer mit sich und in sich, bis irgendwann der Rucksack voll ist."

Ein paar Tage haben wir jetzt frei. Zwischen den einzelnen Schichtblöcken sind jeweils drei bis fünf Tage Freiblöcke, die immer nach den Nachtdiensten beginnen. Dies garantiert zumindest ein wenig Erholung und Regeneration von dem ständigen Wechsel.

Mir geht es wie den meisten „Neuen", ich brauche einfach mehr Zeit für die körperliche und seelische Aufarbeitung. Schon jetzt stellen sich aber typische Wechselschichtprobleme ein. Kein regelmäßiger Stuhlgang, weniger Tiefschlafphasen und die Teilnahme am normalen Gesellschaftsleben sind nur eingeschränkt möglich. Der Freundeskreis, das Fußballteam, der

Musikverein oder der Kegelclub egal wer und was, sie können sich nicht mit Events, Feiern und Terminen am Wechselschichtdienst orientieren. Viele Freundschaften brechen auseinander und die Scheidungsrate, insbesondere bei der Polizei, liegt weit über dem Durchschnitt.

Kapitel 3

Spätdienst

Im Team verarbeitet der Einzelne schlimme Erlebnisse besser, dieser Vorteil hilft dem Neuling, Kommissar Braun:

Mein Handy klingelt, ich habe als Weckton das Heulen des Martinshornes eingestellt, das werde ich irgendwann wieder ändern.

Es ist 10.00 Uhr, bis 03.00 Uhr habe ich wach gelegen, konnte nicht schlafen, mir gingen so viele Dinge durch den Kopf, irgendwann bin ich dann eingeschlafen und jetzt, 10.00 Uhr, der Kreislauf ganz unten, mit überlautem Sirenengeheul in den Alltag zurückgerufen, bereite ich mich auf den Spätdienst vor. Ich habe eine Stunde Zeit.

Donnerstag, 11.00 Uhr: Beginn des Spätdienstes

Wie geht es wohl den Eltern des Kindes, was sagt der Unfallverursacher, irgendwie ist der auch ein Opfer, der wird wohl in seinem Leben nicht mehr froh, wenn er nur ein bisschen normal ist. Irgendwie kann ich das noch immer nicht fassen, saß der doch tatsächlich völlig nackt im Auto und fährt durch die Gegend.

Ich parke meinen Pkw auf dem Parkplatz im Innenhof, klingele an der Hoftür und trete ein. Der typische Geruch kommt mir entgegen, ich kann ihn nicht beschreiben, er ist einzigartig. Ich höre schon den Funkverkehr. Mich packt wieder diese Spannung, die Ungewissheit und Neugierde. Was wird heute passieren?

Ich gelange über den Flur, vorbei an den Schreibräumen wieder in den Aufenthaltsraum. Hier sitzen sie schon, meine Schichtkollegen.

Peter, der Dichter, Olaf, den alle den Baron nennen, und natürlich Lucci, mein Streifenpartner. Die zwei Zeitungen liegen wieder wild durcheinander auf dem Tisch. Ich will sie gerade wieder ordnen, als ich kurz inne halten muss. Ich fühle, dass die drei genau darauf spekuliert haben. Ich setze mich nieder und lasse die lose Blattsammlung der Donnerstagszeitung einfach auf dem Tisch liegen.

Der Baron bricht das Schweigen: „Okay, ich zahle den Kaffee."

Tatsächlich hat Lucci mit Olaf gewettet, während Lucci überzeugt war, dass ich heute die Zeitung nicht ordnen werde, hat der Baron meine Marotte und somit den Gewinn der Wette fest eingeplant. Alle lachen und irgendwie steckt mich das Lachen an, ich lache mit. Mein erstes Lachen seit dem Unfall, es ist wohltuend, ich genieße es und will nicht mehr aufhören. In meinem Beisein wurde übrigens nie mehr über den Unfall geredet.

Anfängerprobleme

Kommissar Braun lernt, mit Peinlichkeiten umzugehen. Humor ist hier sehr hilf-reich, denn Irren ist menschlich:

Der Alltag hat uns wieder eingefangen, ich fahre mit Lucci auf Streife.

„Siehst Du vorne den Pkw?", fragt Lucci.

Natürlich sehe ich den, und ich sehe auch, dass der Fahrer nicht ange-schnallt ist. „Okay!", ordnet Lucci an, „Den kontrollieren wir jetzt, Du sprichst ihn an und ich sichere Dich ab."

Wir fahren hinter den Pkw, schalten kurz das Blaulicht ein.

Der Fahrer reagiert sofort, er fährt rechts ran und schnallt sich jetzt an.

Ich springe aus dem Streifenwagen. Meine erste selbstständige Kontrolle. Ich versuche meine Nervosität zu verbergen, trete an die Fahrertür und spreche den etwa 30-jährigen Mann an. „Verkehrskontrolle, bitte Führer-schein und Fahrzeugschein."

„Guten Tag, so viel Zeit muss sein", erwidert der Mann selbstsicher.

Ich lasse mich nicht verunsichern, er händigt mir den Fahrzeugschein und seinen Personalausweis aus.

„Ich benötige Ihren Führerschein", erkläre ich.

„Genau diesen habe ich nicht dabei, lassen Sie sich bitte über Funk bestä-tigen, dass ich die erforderliche Fahrerlaubnis besitze. Sie haben ja wohl die technischen Möglichkeiten", kontert er.

Ich greife mir den Personalausweis und nehme über Funk im Beisein des Mannes Kontakt mit der Dienststelle auf.

Sofort meldet sich Jupp. „Prüfe bitte, ob Herr Braun, geboren am 10.10.1980, die erforderliche Fahrerlaubnis der Klasse B besitzt."

Der Mann schaut mich völlig entgeistert an. „Kein Problem", antwortet Jupp und kurze Zeit später: „Auf Herrn Braun mit diesem Geburtsdatum ist keine Fahrerlaubnis ausgegeben."

„Das kann ja auch nicht sein. Ich heiße überhaupt nicht Braun", erklärt der Mann.

Ich werde unruhig und unsicher, schaue in den Personalausweis.

„Hier steht eindeutig „Braun", was soll das?", fauche ich den Mann an.

„Wenn ich Ihnen sage, dass ich nicht Braun heiße, dann sollten Sie mir das schon glauben", hält er entgegen.

Lucci merkt, dass ich unsicher werde und tritt hinzu:

„Gib mir mal den Ausweis".

Ich merke, dass Lucci krampfhaft versucht, sein Grinsen zu unterdrücken:

„Hier steht nicht „Name: Braun", sondern „Augenfarbe: Braun"."

Ich bin blamiert - absolut blamiert. Wie konnte mir so etwas nur passieren?

„Entschuldigung, Sie können jetzt weiter fahren."

Der Mann schaut mitleidvoll und setzt seine Fahrt fort.

„Warum hast Du ihn den nicht verwarnt?", fragt Lucci.

„Das konnte ich doch nach dieser Blamage nicht mehr".

„Das kann ich nachvollziehen. Wir müssen wohl noch ein wenig üben", legt er noch nach.

Platzverweis bis Endstation

Völlig neue Möglichkeiten, Konflikte zu lösen, lernt Kommissar Braun von seinem Partner:

Wir fahren weiter. Nach kurzer Zeit gelangen wir an eine Bushaltestelle, dort streiten sich zwei Jugendliche. Wir halten an, Lucci steigt aus und spricht die beiden an: „Kann ich Euch helfen?"

In diesem Augenblick mischt sich ein unbeteiligter, ungepflegter und unsympathisch wirkender Passant ein, der zufällig an der Bushaltestelle vorbeikommt:

„Wenn es schon nicht die Eltern schaffen, dann vielleicht Sie, Herr Wachtmeister.

Die unerzogene Jugend von heute ist doch völlig respektlos, rücksichtslos, faul und..."

Lucci`s Blick wird ernst, das kann er gar nicht haben. Da mischt sich einer ein, der nichts damit zu tun hat, pauschale Vorverurteilung betreibt und ihm noch ins Wort fällt: „Halten Sie sich bitte hier raus und steigen Sie in den Bus ein."

Es war gerade ein Bus vorgefahren. „Ich will gar nicht mit dem Bus fahren, und ich habe auch kein Geld für eine Fahrkarte."

„Was kostet die Fahrt von hier bis zur Endstation?", fragt Lucci den Busfahrer.

„Ein Euro", sagt der Busfahrer.

Lucci holt einen Euro aus der Tasche, übergibt diesen dem Passanten und fordert ihn auf, in den Bus zu steigen. Völlig überrascht gehorcht der Mann, zahlt ein Euro und der Bus fährt los.

Die Jugendlichen sind beeindruckt. „So Jungs, entschuldigt die kurze Störung und jetzt noch mal meine Frage. Kann ich Euch helfen?", spricht er die Jugendlichen erneut an.

„Nein, alles okay, wir wollten eigentlich nur, ach ist doch egal. Vielen Dank." Zufrieden und völlig aggressionsfrei schlendern die beiden davon.

Mir fehlt noch viel Erfahrung und Fingerspitzengefühl. Dafür braucht man noch Jahre. „Das war mir den Euro wert. Hast Du sein Gesicht gesehen. Herrlich! So etwas erlebst nicht alle Tage. Ist auch gut so, könnte teuer werden", grinst Lucci.

Wir steigen wieder in unseren blauweißen Funkstreifenwagen und fahren zurück zur Dienststelle. Ich koche wieder den Kaffee für Lucci, ordne jetzt doch wieder die Zeitungen und füge zusammen, was zusammengehört.

„Jetzt fängst Du schon wieder damit an", lacht Lucci.

Alter schützt vor Torheit nicht

Die Kollegen und ihre Charaktere lernt der neue Kommissar Braun immer besser kennen und schätzt ihre unkonventionellen Auslegungen des Berichtswesens:

„Immer wieder was Neues, Mannomann, aber es zeigt sich wieder, Alter schützt vor Torheit nicht", Olaf und Peter kommen von der Streife.

„Was ist los?", frage ich neugierig.

„Wir wurden in eine Wohnung gerufen, in der zwei ältere Herren, einer 78, der andere 80 Jahre, heftigsten Streit hatten. Sie buhlen beide um die Gunst einer wesentlich jüngeren Frau. Bevor die Frau in deren Leben trat, waren sie dicke Freunde und jetzt sind ihnen die Vernunft und der Verstand in die Hose gerutscht. Die 23-jährige Frau nutzt diese Situation schamlos aus und lässt sich von beiden aushalten. Der 78-Jährige verlässt die Wohnung, sie und der 80-Jährige bleiben alleine zurück."

Peter, der Dichter, fertigt schnell den Polizeibericht in seiner ihm bekannten Art:

> *Zwei ältere Herren stehn im Herbst des Lebens,*
> *sie streiten um die Gunst einer Dame, vergebens.*
> *Die Dame und das verwundert,*
> *ist erst 23 Jahre und nicht hundert.*
> *Wohl kaum steht die Dame auf ältere Herrn,*
> *sie hat eher deren Geld recht gern.*
> *Sie, die im Frühling ihres Lebens gerade erst erblüht,*
> *scheint eher abgebrüht.*
> *Für das vorgespielte Glück, gibt sie keinen Cent zurück.*
> *Zwei ältere Herrn verharren im Herbst des Lebens,*
> *letztlich ist ihr Streit vergebens.*

In meiner Dienstgruppe treffen verschiedene Charaktere, Altersgruppen und Geschlechter aufeinander. Den Baron, den Dichter und den Dicken habe ich schon kennengelernt. Den Sänger und die Loreley werde ich noch näher kennenlernen.

Es gibt Polizisten, die aus dem Schichtdienst, aus der Dienstgruppe in den Tagesdienst versetzt werden, teils auf eigenen Wunsch. Nach nur wenigen Wochen bitten sie den Chef dringlich, sie wieder in die Dienstgruppe zu lassen. „Ich brauche das Rudel", begründete Michael der Sänger seine Rückversetzung in die Dienstgruppe.

„24 Stunden hat der Tag, ca. acht Stunden verbringen wir im Schlaf, ca. zehn Stunden sind wir im Dienst. So verbleiben noch sechs Stunden für die Familie. Wenn die Freundin oder die Ehefrau auch arbeiten gehen, wenn nebenbei noch Zeit in Freizeit investiert wird, dann ist der Polizist letztlich mehr im „Rudel" als bei der Familie", sinniert Michael.

Kapitel 4

Der erste Schichtabend

Der Feierabend als Zeit für sich und die Kollegen und für viele Geschichten ist für den Kommissar auf Zeit sehr wertvoll:

Der Spätdienst verläuft ruhig, nur wenige Unfälle und andere kleinere Einsätze sind abzuarbeiten. Feierabend, ich will nach Hause fahren als Lucci ruft: „Heute ist Donnerstag, wir treffen uns im Häusje, unserer Stammkneipe. Kommst Du auch?"

„Gerne, wann?"

„In einer Stunde, so gegen 21:00 Uhr, ist das okay für dich?"

„Okay, bis gleich."

Ich gehöre dazu, so richtig. Das habe ich gebraucht. Ich fühle mich akzeptiert. Ich bin angekommen.

Es handelt sich um eine reine Bierkneipe, glücklicherweise ein Nichtraucherlokal, mit einer langen Theke. Die Kneipe ist gut gefüllt. Ich suche meine Kollegen, gehe ein Stück an der Theke entlang, als mich von hinten eine männliche Stimme überrascht: „Guten Abend, Herr Braun. Folgen Sie mir. Wir sitzen weiter hinten in der Ecke. Da ist es ruhiger".

Es ist Peter, der Dichter, und er geleitet mich zu unserem Tisch, an dem bereits alle sehnsüchtig auf uns warten.

„Nehmen Sie bitte neben Herrn Lucci Platz, Herr Braun", grinst Olaf.

„Super, musstest Du meine Blamage jedem erzählen? Deckt sich das mit dem Streifenbeichtgeheimnis?", werfe ich Lucci vor, ohne ernsthaft böse zu sein.

„Aller Anfang ist schwer und Du wirst noch öfters in ein Fettnäpfchen treten, das ist gar nicht zu verhindern. Wichtig ist, dass Du damit umgehen kannst und Dich nicht moppen lässt", beschwichtigt der Baron.

„Und wie haben Dir die ersten Tage als Polizist gefallen?", will Jupp wissen und bestellt mal eben eine Runde Bier.

„Ich darf nicht so viel trinken, ich bin mit dem Auto hier".

„Heute bleibt das Auto stehen, wir fahren mit dem Taxi oder wir gehen", erklärt Peter, der Dichter.

„Mir hat es bis jetzt sehr gut gefallen, ich muss zwar noch laufen lernen, aber ihr, insbesondere Lucci, seid mir ja mehr als behilflich."

Erste Stammtischregel: grundsätzlich keine Gespräche über dienstliche Belange.

Ist ein „Neuer", wie ich, dabei, so erzählt jeder der alterfahrenen Polizisten eine Geschichte, die ihm besonders gut gefallen hat oder ihn besonders bewegt hat.

„Olaf, erzähl doch bitte das Drama mit dem alten VW-Bus", bittet Jupp.

„Herr Ober, bitte noch eine Runde Bier auf den Baron", ruft Olaf und beginnt mit seiner Lieblingsgeschichte.

Der alte Bus

Geschichten, Geschichten, Geschichten und noch mehr Geschichten. Kommissar Braun liebt diese Stunden mit den Kolleginnen und Kollegen:

„Es ist schon ein paar Jahre her. Ich war beim Verkehrskommando hauptsächlich zuständig für Radarkontrollen und Abstandsmessungen auf der Autobahn, und fuhr als Beifahrer mit einem alten grün-weißen VW-Bus, der genau wie mein damaliger Streifenpartner, schon etwas in die Jahre gekommen war. Der alte Kollege wurde „Paletti" gerufen. Man wusste nicht mehr genau, wie er zu diesem Spitznamen gekommen war. Einige behaupten, er habe von seinem privaten Anhänger auf der Autobahn einen Stapel Paletten verloren. Vorsorglich habe er dies seinen Kollegen über Notruf mitgeteilt und auf die Frage, ob ein Streifenwagen zur Unterstützung kommen soll, antwortete er: „Nein, alles Paletti!"

Dieser alte Paletti war bei der Verkehrsdirektion für die Abstandsmessung verantwortlich. Er und sein alter VW-Bus waren zusammengewachsen, sie waren untrennbar. Keiner durfte den alten Kasten fahren, nur er. Es war schon eine Ehre, dass ich als Beifahrer mit übers Land fahren durfte. Diese Landfahrten hatten nur einen einzigen Sinn, nicht Abstand messen, sondern Abstand nehmen. Abstand nehmen vom Alltagsstress.

Über Funk konnten wir mithören, dass in der nahen Stadt eine Bank überfallen wurde und ein Täter, ca. 25 – 30 Jahre alt, mit einem roten VW-Polo flüchtig ist. Er hatte unter Vorhalt einer Pistole ca. 10.000 DM geraubt, es war noch vor der Einführung des Euro. Das Kennzeichen konnte durch Passanten in der Fußgängerzone zum Teil abgelesen werden. Die Zahlenkombination lautete 253.

Paletti und ich fuhren weiter übers Land, als hinter uns plötzlich und unerwartet ein roter Pkw auftauchte. Wir dachten uns nichts dabei und fuhren einfach gemütlich weiter. Kurze Zeit später überholte uns der Pkw, am Steuer des roten VWs mit der Zahlenkombination 253 saß ein ca. 25-30-jähriger junger Mann.

„Siehst Du auch, was ich sehe?", fragte ich Paletti.

„Was meinst Du, willst Du mit mir ein Kinderspiel spielen?", entgegnete er uninteressiert.

„Ich will ja nicht unhöflich sein oder die ländliche Ruhe stören, aber vor uns fährt, ob wir das nun wollen oder nicht, der Bankräuber", bemerkte ich schüchtern.

„Tatsächlich, so mein Guter, jetzt kannst Du auf deine alten Tage noch mal zeigen, was Du drauf hast."

Paletti meinte seinen alten VW-Bus und vielleicht auch ein wenig sich selbst. Er hängte sich mit durchgedrücktem Gaspedal an den Pkw des Bankräubers.

Ich funkte mit der Einsatzleitstelle: „Wir verfolgen auf der Landstraße in Richtung Autobahn das Tatfahrzeug. Wir benötigen dringend Unterstützung durch weitere Polizeistreifen, da wir mit unserem Streifenwagen wohl die Verfolgung nicht mehr lange gewährleisten können."

„Du traust mir und meinem treuen Bock wohl nichts zu. Du wirst Dich noch wundern", Paletti wirkte leicht eingeschnappt, aber unglaublich motiviert.

Er begann, mit dem Streifenwagen zu sprechen: „Komm Junge, dass schaffen wir, Du hast mich noch nie im Stich gelassen. Ich habe Dich 20 Jahre gepflegt, jetzt gilt es, jetzt machen wir unser Meisterstück."

Es folgte eine leichte Steigungsstrecke, der Abstand zum Fluchtfahrzeug wurde zusehend größer. Ich gab über Funk durch: „Wir sind jetzt bei Kilometer 2,8. Wir müssen abreißen lassen".

„Wo eine Steigung ist, da ist auch ein Gefälle", frohlockte Paletti.

Ich presste meine Füße in den Fußraum, Paletti raste die Gefällstrecke runter.

Der Abstand wurde kleiner und kleiner, und wir schlossen tatsächlich wieder auf. Paletti grinste stolz und lobte mit einem kurzen Schlag mit der Hand auf das Lenkrad seinen guten alten Bock. Mir stand der Schweiß auf der Stirn, ob das gut gehen wird. In dem „alten Bock" war kein Drehzahlmesser, zum Glück, die Nadel hätte sich verbogen. Paletti fuhr am Anschlag.

„Wo bleibt denn nur die Verstärkung?", rief ich in den Funkkreis.

Zumindest mir erging es jetzt so, wie vielen Menschen, die dringend auf die Polizei warten und denen diese Wartezeit unerträglich lang wird. Nur Paletti war in seinem Element, er wartete auf den ersten Fehler seines Kontrahenten, der vorne einfach nicht weg kam.

Plötzlich verließ der Pkw die asphaltierte Straße bei gleichbleibend hohem Tempo und versuchte, über einen Feldweg zu flüchten. Ein grober Fehler, neben dem Feldweg ist ein Abhang, auf dem Kühe weiden, der Abhang ist steil. Er musste stark links einlenken, verlor die Kontrolle über sein Fahrzeug und rutschte in den Seitengraben.

„Wir haben ihn, da kommt der nicht mehr raus", frohlockte Paletti.

Stolz auf sich und seinen alten Bock fuhr er in den Feldweg, natürlich mit angemessener Geschwindigkeit und parkte den VW-Bus, sein gutes Kind, direkt an dem Abhang. Die Kühe schlichen langsam den Abhang hoch, um sich das nun folgende Schauspiel anzusehen.

Ich gab noch schnell über Funk unseren Standort durch und sprang aus dem Bus und lief Paletti nach, der wie im Jagdfieber war. Wir liefen zu dem Pkw, in dem der Bankräuber saß. Er hatte seine Spielzeugpistole aus dem Fenster geworfen und stammelte: „Ich ergebe mich!"

„Ja, mein Junge. Du hast wohl nicht damit gerechnet, dass der alte VW-Bus mit dem alten Wachtmeister zu so einer Leistung fähig ist. Und hier im Graben hast Du ja wohl etwas falsch geparkt. Mit viel Glück hast Du den Pkw nicht beschädigt", Paletti genoss die Situation und grinste bis hinter beide Ohren.

„Das mit dem Parken sollten wir beide wohl noch üben", erwiderte der Bankräuber.

Ich schaute mich um, der VW-Bus war weg. Die Kühe liefen frei herum und trabten langsam auf uns zu. Ich bin noch heute der Auffassung, dass die Kühe gegrinst haben.

Paletti drehte sich um, sah seinen Bock nicht mehr, lief zu der Stelle, wo er ihn geparkt hatte und schaute in die Tiefe. Er hatte wohl die Handbremse nicht angezogen und sein alter VW-Bus setzte zu seiner letzten Talfahrt an. Der Bus hatte wohl mehrere Seitwärtsrollen vollzogen und blieb in einer Senke völlig demoliert liegen. Langsam schritt Paletti zu seinem VW-Bus. Der Bankräuber war ihm egal. Er griff durch das Fenster seines alten Streifenkameraden, nahm das Funkgerät und sprach: „Wir haben den Bank-

räuber gestellt und mussten dies teuer bezahlen." „Ist einer verletzt?",
antwortete die Einsatzleitstelle. „Ja, mein alter Bock."

Alle ahnten, was passiert war. Irgendwie trauerten alle Kollegen mit
Paletti, der einen treuen Freund verloren hatte. Obwohl der Polizei durch
den Totalschaden eines Einsatzfahrzeuges ein relativ hoher Schaden entstanden war, kam keiner auf die Idee, dies Paletti in Rechnung zu stellen.

„Jeder Mensch hat seinen Rucksack. Der eine einen kleineren, der andere
einen größeren. Die Kunst, das Leben psychisch zu meistern, liegt unter
anderem auch in der individuellen Fähigkeit, den Rucksack geschickt zu
packen und wieder auszupacken. Er darf nicht zu schwer sei, sonst hat
man schwer daran zu tragen", philosophiert Peter, der Dichter, mit ernster
Miene, „So auch Paletti, der den Verlust seines vierrädrigen Freundes verarbeiten muss".

Obwohl die meisten die Geschichte schon kennen, so verharren alle in
einem kurzen Schweigen. Es ist eine tragikomische Geschichte, die ich in
Erinnerung behalten will.

Mittlerweile ist Loreley gekommen. Es ist die jüngste Kollegin der Dienstgruppe. Sie trägt diesen Spitznamen, weil sie regelmäßig nachts gegen
03:00 Uhr in den Waschraum der Damen geht, ihre Haarklammer entfernt
und ihr langes blondes Haar offen trägt.

„Hat Olaf seine Paletti-Story erzählt, Herr Braun", spricht sie mich an.
Mir wird jetzt klar, dass auch ich jetzt meinen Spitznamen habe.

Anfechtbarkeit einer Dienstleistung

Alle Berufe haben ihre besonderen Geschichten, so erlebt auch Kommissar Braun neue Sichtweisen der Menschen:

Peter, der Dichter, tritt hervor: „Ich gebe dann noch eine kurze Geschichte zum Besten, die wie alle, das ist Ehrensache, nicht erfunden ist.

An einem normalen Wochentag, spät am Abend klingelte das Telefon auf der Wache, am anderen Ende meldete sich der örtliche Puff. Die Anruferin, eine Mitarbeiterin des Etablissements, bat um sofortige Entsendung eines Streifenwagens. Warum auch immer, so melden sich bei solchen Einsätzen gleich mehrere Teams. Ich hatte jetzt die Ehre, diesen Einsatz wahrzunehmen.

Vor Ort erwartete uns ein enttäuschter Freier.

„Ich möchte mich gleich zu erkennen geben. Ja, ich habe mir die Dienste einer dieser Damen bestellt und habe auch bezahlt. Dafür werde ich mich jetzt mal nicht schämen, immerhin ist das Gewerbe der Prostitution ja auch eine berufliche anerkannte Dienstleistung. Ich habe für 30 Minuten 60 Euro gezahlt. Nun warum auch immer, so kamen wir schon nach 15 Minuten zum Ende. Somit verlange ich 30 Euro zurück", klagte der Mann.

Ich habe den Mann gefragt, ob er dies jetzt wirklich ernst meint. Dies wiederum löste bei dem Mann einen plötzlichen, unkontrollierten und üblen Verbalerguss aus. Mittlerweile gesellten sich zwei weitere Damen zu dem illustren Kreis.

Ich erkläre ihm, während ich krampfhaft einen Lachanfall zu unterdrücken versuche, dass sich die Dienstleistung nicht an der Zeit bemisst, sondern am erstrebten Erfolg, dem Höhepunkt. Es ist nicht das Risiko des Dienstleisters, wie lange der Inanspruchnehmende den Höhepunkt heraus zögern kann oder halt eben nicht. Sie haben das eben früher erlebt, dies wiederum lässt keine Zweifel an der Qualität der Dienstleistung aufkommen. Wer zu früh kommt, der bezahlt dann eben auch den vollen Betrag.

Ich erklärte ihm, dass es sich hier um einen zivilen Streit handelt, der notfalls gerichtlich auszufechten wäre. Nachdem die Personalien ausgetauscht wurden, kehrte der Mann nach Hause zurück und im Puff wieder Ruhe ein.

Natürlich hat er es nie zu einer Klage kommen lassen.

Fazit und entscheidende Rechtsfrage:

Darf sie sich für 30 Minuten aushalten lassen, wenn er es nach 15 Minuten nicht mehr aushalten kann?

Gegen den Strich, lieber unten als oben

Das Milieu bietet für den Kommissar Braun auch Einsätze, die sich allein durch das Erscheinen der Polizei auflösen:

„Ich kenn da auch noch eine Geschichte vom Straßenstrich", ergänzt Michael der Sänger. Auch ich gehörte mal zu einem Freiwilligenteam und fuhr zum Straßenstrich. Dort suchte ein Freier eine dunkelhäutige Prostituierte auf, um nach einem arbeitsreichen Tag mit dem ausgehandelten Betrag von 50 Euro eine andere für sich und sein Vergnügen arbeiten zu lassen, so zumindest stellte der fleißige Arbeiter die Sache dar.

Sie bestiegen einen vor Ort abgestellten Wohnwagen, und sie bat ihn, nachdem er 50 Euro entrichtet hat, sich zum Vollzug der Dienstleistung auf sie zu legen. Dies wiederum ging dem Mann gegen den Strich, weil er ja den ganzen Tag aktiv gearbeitet hat, wollte er sich ja gerade auf dem Strich erholen.

Jetzt soll doch für das Geld gefälligst auch die Dame arbeiten. Sie soll oben und er unten liegen. Sie will das aber nicht und so kommt die Dienstleistung nicht zustande. Er will sein Geld zurück, was sie zunächst ablehnt. Mit unserem Erscheinen wirft sie ihm die 50 Euro vor die Füße, schließt den Wohnwagen ab, besteigt ein Taxi und macht den Abgang, den eigentlich er haben wollte.

Der Schmutzfink

Die Hilfsbereitschaft der Polizei kennt keine Grenzen, erfährt Polizist Braun:

Loreley bringt sich nun auch ein:" Ihr mit Euren schmutzigen Geschichten, typisch Mann. Ich habe aber auch noch eine schmutzige Begebenheit.

Ein elfjähriger Junge meldete sich mit seinem Handy über Notruf und gab an, er habe sich mit seinem Fahrrad im Feld im Schlamm festgefahren und komme nicht mehr weiter. Nachdem ihm empfohlen wurde, sein Fahrrad liegen zu lassen und zu Fuß zu gehen, meldete er sich kurze Zeit später wieder und gab an, er könne wegen der Schlammanhaftungen an seinen Schuhen nicht mehr laufen, außerdem werde es wegen des starken Regens immer schlimmer. Wir machten uns nun auf die Suche nach dem Jungen. Mit eingeschaltetem Blaulicht und Handykontakt gelang es nach einiger Zeit den völlig durchnässten Jungen mit einer ca. zehn Zentimeter dicken Schlammsohle aufzugreifen. Auf der Fahrt nach Hause, die Polster waren nass, der Fußraum verschlammt, gestand uns der Knabe, sein Vater könne ihn nicht abholen, da dieser, was sein Auto betrifft, etwas empfindlich sei und er bestimmt nicht dorthin gekommen wäre. Zwei ebenfalls von Kopf bis Fuß nasse und verschmutzte Polizeibeamte gaben den Jungen zu Hause ab. Im Hof unter einem Carport parkte der blitzblanke Pkw des Vaters.

Kapitel 5

Der Dealer

Staatsbeamte sind immer im Dienst, für unseren Kommissar Braun eine neue Erfahrung:

Freitagabend, freies Wochenende, vollgepackt mit privaten Terminen. Die beiden darauf folgenden Wochenenden habe ich Dienst, die Teilnahme am gesellschaftlichen Leben reduziert sich notgedrungen auf diese wenigen freien Tage, die Pflege der Freundschaften fällt schwer. Egal, ich habe mir diesen Beruf ausgewählt, und er macht ja auch Spaß.

So noch ein wenig stylen und dann Wochenende pur. Ich treffe mich mit ein paar Freunden, mit denen ich früher Fußball spielte, durch den Wechselschichtdienst ging das nicht mehr. Aber gute Freunde lassen einen nicht fallen.

Das Telefon klingelt. Es wird Frank sein, mein bester Kumpel. Ich hebe den Hörer ab: „Hallo Frank, ich bin fertig, bin schon unterwegs".

„Nix Frank, hier ist Deine geliebte Dienststelle. Ich soll Dir einen lieben Gruß von Deinem Chef übermitteln, und er wünscht Dir von Herzen einen wunderschönen Samstagabend".

Obwohl ich nichts Gutes ahne, erwidere ich: „Danke, aber heute ist erst Freitag".

„Eben, heute darfst Du in den Dienst kommen und morgen darfst Du den Betrag, den Du heute durch den Dienst zu ungünstigen Zeiten zusätzlich verdienst, auf den Kopf hauen. Der Dienstherr ist eben besorgt um seine Mitarbeiter. Aber zu Deiner Beruhigung, Du bist nicht alleine, Dein Kumpel Lucci ist bereits auf dem Weg nach hier."

„Was ist denn der Anlass für den Sonderdienst?", frage ich neugierig.

„Das erfahren wir alle gleich, ich weiß es selbst noch nicht. Ich bin nur das Call-Center."

Tausend Dinge schießen mir durch den Kopf. Was soll der Quatsch mit dem zusätzlichen Geld, gerade mal 1,25 Euro pro Stunde. Noch nicht einmal das freie Wochenende ist heilig, was soll das. Ich muss Frank anrufen und ihm absagen. Das Telefon klingelt erneut.

Lucci ist dran: „Haben die Dich auch erwischt? Es gibt auch Kollegen, die gehen an solchen Tagen überhaupt nicht ans Telefon. Das hat in vielen Fällen etwas mit mangelhafter Dienstauffassung zu tun, denen fehlt es an Herzblut. Letztlich tun sie mir leid. Aber das deckt sich nicht mit meiner Berufsauffassung, nein, dann hätte ich außerdem ein schlechtes Gewissen. Du, ich komme bei Dir vorbei gefahren und nehme dich mit, bis gleich."

„Danke, bis gleich", antworte ich noch.

Jetzt noch schnell die Tracht anziehen, verrückt, ich sage auch schon Tracht, das ist eigentlich Lucci`s traditionelle Umschreibung für die Uniform.

Schnell runter, Lucci ist schon da, ich steige ein, und wir fahren los.

„Meine Frau wollte eigentlich mit mir ins Kino, egal, jetzt schaut meine Frau fern. Das mit dem Kino holen wir eben in vier Wochen nach. Hattest Du heute was vor?"

Ich berichte Lucci von meinem mit Terminen vollgepackten Wochenende und von meinem Freund Frank. Schnell wird der Frust von der Neugierde verdrängt.

„Was liegt denn auf der Wache an, hast Du was gehört?

„Nein gar nichts, seltsam, so geheimnisvoll tun die doch sonst nicht", wundert sich Lucci.

Wir erreichen die Dienststelle. Der Chef ist da, und als er uns sieht, bedankt er sich sofort, dass wir überhaupt erreichbar waren und helfen wollen. Er bittet uns und acht weitere Kollegen in den Besprechungsraum.

„Ich komme direkt zur Sache, heute Abend erwarten wir einen Drogenkurier aus den Niederlanden. Er wird mit einem weißen größeren Mercedes mit niederländischen Kennzeichen von der Autobahn kommend in unser Problemviertel einfahren. Er soll eine größere Menge Heroin, Amphetamin und Haschisch mitführen und den Stoff an bestimmte Dealer, die wir noch nicht kennen, hier in unserem Städtchen verkaufen. Wir werden uns mit zwei Streifenbesatzungen und drei Zivilwagen so positionieren, dass er nicht unbemerkt an seinem Ziel ankommen kann. Wer den verdächtigen Pkw aufgenommen hat, meldet dies sofort. Wir werden diesen mit seinen Insassen dann kontrollieren, wenn mindestens zwei Streifenbesatzungen zusammengezogen sind. Die anderen verlassen ihre Kontrollpunkte erst auf Anordnung. Es könnte ja rein theoretisch nicht der gesuchte Pkw sein und die heiße Fracht geht uns durch die Lappen."

Jetzt geht alles sehr schnell, Lucci und ich fahren mit unserem Streifenwagen in die Nähe des Autohofes. Hier ist die Wahrscheinlichkeit, dass der Pkw vorbeifährt, sehr hoch. Nach nur wenigen Minuten haben wir Position bezogen und jetzt beginnt das große Warten.

Lucci erzählt, dass er schon mehrfach solche Situationen mitgemacht hat, und dass er immer den Kontrollpunkt „Autohof" übernimmt, da hier die Versorgung mit Kaffee und Gebäck über die ganze Nacht möglich ist. Da ist sie wieder, die Berufserfahrung, die eben einen „alten Wachtmeister" auszeichnet. Es ist nicht viel Verkehr, dennoch ist es anstrengend, ständig die Abfahrt der Autobahn im Blick zu halten, um ja nicht den Pkw zu übersehen.

Zeit für Privates

Auch Vater sein, merkt Kommissar Braun, ist ein Job für starke Nerven:

„Ich habe meinen Jungen, den Pascal, im Bischöflichen Gymnasium, einer von der katholischen Kirche gesponserten Schule, angemeldet. Da musste ich doch gestern tatsächlich zu einem Vorstellungsgespräch mit dem Jungen. Meine Frau hatte angeblich keine Zeit. Aber sie hatte Zeit, den Jungen und mich zu „Briefen". Widerwillig bin ich dann zu diesem Termin. Zuerst wollte der Prüfer, es war übrigens der Direktor persönlich, das Stammbuch. Das hatte ich nicht dabei. Dann wollte er die Gymnasialempfehlung der Grundschule sehen. Die hatte ich zu allem Unglück auch vergessen. So wurde die Sache langsam peinlich. Jetzt wurde mein Junge interviewt.

„Liest Du gerne?", wurde er gefragt.

„Ja", sagte mein Sohn kleinlaut und zählte jetzt ein paar Bücher auf, die er laut Briefing meiner Frau nennen sollte.

„Oh, Du liest aber tolle Bücher und welches dieser Bücher ist das Dickste und welches das Dünnste", fragte der Direktor nach.

Kriminalistisch sehr geschickt, denn das wusste der Junge natürlich nicht. Es wurde noch besser.

„Schaust Du auch gerne Fernsehen?"

„Ja, vor allem Wissenssendungen, wie Galileo sehe ich gerne, weil man da so viel lernen kann", antwortete mein Sohn auftragsgemäß.

„Aha und was hast Du da zum Beispiel gelernt", hakte der Prüfer nach.

„Ich habe gelernt, wie schnell und in welchem Winkel ein Auto über einen Hügel fahren muss, um anschließend auf einem Kirchendach zu landen", verkündete mein Sohn stolz.

Ich bin dann sofort zu einem anderen Gymnasium gefahren, um meinen Sohn dort anzumelden."

Ich konnte mir das Lachen nicht verkneifen. Mittlerweile war schon mehr als eine Stunde verstrichen. Der verdächtige Pkw wollte einfach nicht auftauchen.

Während Lucci noch lacht, erkenne ich in der Abfahrt der Autobahn einen hellen Mercedes. Ich mache Lucci sofort auf den Pkw aufmerksam.

„Das könnte er sein, siehst du, der hat auch niederländische Kennzeichen".

Der Pkw fährt auf die Bundesstraße, bremst plötzlich ab und biegt auf die Zufahrt zum Autohof ein.

„Wenn der jetzt weiter fährt, dann sind wir verbrannt, dann sehen die uns", befürchte ich.

Der verdächtigte Pkw schwenkt nach rechts und kurz streift das Abblendlicht über unseren Streifenwagen.

„Mist, mit einem Zivilwagen hätten wir jetzt bessere Karten", ärgert sich Lucci.

Der Pkw fährt langsam weiter und gibt plötzlich Gas.

„Der haut ab, der hat uns erkannt", rufe ich, während Lucci über Funk die Position, das amtliche Kennzeichen und die Zahl der Insassen, zwei männliche Personen, über Funk an alle eingesetzten Kräfte meldet.

„Den haben wir gleich, der wird jetzt um das Gebäude herum fahren und über die Lkw-Ausfahrt kommen. Dort können wir mit dem Streifenwagen sperren. Unbeleuchtet rast Lucci mit dem Streifenwagen zu der besagten Ausfahrt, es sind nur ca. 200 Meter und stellt den Wagen quer ab.

„So hier kommt der nicht vorbei, raus, schnell raus!", befiehlt er.

Nach wenigen Sekunden kommt der Pkw, erkennt im letzten Moment das Hindernis, bremst ab und will rückwärts flüchten. In diesem Augenblick reißt Lucci die Fahrertüre auf und zerrt den glücklicherweise nicht angeschnallten Führer aus dem Pkw. Er zwingt ihn zu Boden, während ich den Beifahrer mit der gezogenen Pistole in Schach halte. Nur Sekunden später erscheinen zwei Streifenwagen und die Sache ist im Griff.

„Gut gemacht", lobt Lucci. Ich bin schon wieder total stolz, stolz auf meinen Streifenpartner, aber auch stolz auf mich. Erst jetzt bemerke ich, dass mir die Knie schlottern.

„Sollten Dir jetzt die Knie schlottern, so ist das normal. Es sind oft nur Sekunden der höchsten Anspannung, die ausreichen, dass die Knie außer Kontrolle geraten. Das lässt gleich nach. Ich habe das immer nach längeren Einsatzfahrten", beruhigt mich Lucci.

Die beiden Verdächtigten werden durchsucht. Nichts Auffälliges, eine gut gefüllte Geldbörse, ordnungsgemäße Papiere und ein Handy. Im Pkw sind wir erfolgreicher, die Kollegen kennen aufgrund ihrer Erfahrung die Verstecke und finden Heroin, Amphetamin und Haschischplatten.

„Schade, dass die uns erkannt haben, so haben wir die Chance verpasst, ein paar Dealer unserer Stadt auffliegen zu lassen", ärgert sich unser Chef, der eben eingetroffen ist.

„Wir sollten nicht so schnell aufgeben", muntere ich die Kollegen auf. „Lasst uns doch mal auf dem Handy auslesen, mit welchen Telefonnummern die beiden zuletzt Kontakt aufgenommen haben. Wir könnten dann mit dem gleichen Handy eine SMS an diese Nummern senden und bitten, sich hier auf dem Autohof zwecks Abholung der Ware einzufinden, da es direkt in der Stadt zu gefährlich wäre."

Lucci schaut mich verwundert an und zögert keinen Augenblick: „Unser Neuer ist ja heute richtig in Form, ich halte das für eine ausgesprochen gute Idee, lasst es uns versuchen. Vielleicht können wir den Kommissar Zufall damit ein bisschen provozieren."

Einer der Kollegen wertet, trotz rechtlicher Bedenken, das Handy aus und verfährt genau, wie von mir vorgeschlagen. Die beiden Festgenommenen werden von zwei Streifen zur Dienststelle gefahren.

Der Plan sieht folgendes vor. Sollten die Dealer tatsächlich kommen, so werden sie an den Pkw herantreten. Es wird sie wundern, dass keiner drin sitzt. In diesem Augenblick wird an die gleiche Nummer erneut eine SMS geschickt, in der erklärt wird, dass die Ware unter dem Beifahrersitz deponiert ist. Wenn der oder die Täter dann die Türe des Mercedes öffnen und unter dem Beifahrersitz suchen, dann wollen wir zuschlagen.

Ich bin nervös, für so ein Erlebnis lasse ich doch gerne mal meinen Kumpel Frank warten. Auch das noch, jetzt habe ich Frank gar nicht Bescheid gesagt und mein Handy habe ich zu Hause liegen lassen. Egal, wenn das hier jetzt klappt, wenn meine Idee tatsächlich zur Festnahme der Dealer führen würde, was wären Lucci und auch Frank stolz auf mich.

Nach ca. 30 Minuten tauchen in der Ferne zwei Fahrlichter auf. Irgendwie sagt mir mein Bauchgefühl, dass es jetzt losgehen wird. Wir bleiben ganz ruhig in unserem Versteck. Der Pkw biegt von der Straße in Richtung Autohof ab. Der Lichtkegel streift über den Parkplatz und findet den

Mercedes, zum Glück sind die Streifenwagen gut versteckt. Langsam rollt der Pkw, der mit vier Personen besetzt ist, auf den Parkplatz, fährt an dem Mercedes vorbei und scheint weiter zu fahren. Er verlangsamt, fährt eine größere Schleife über den Parkplatz und kommt im Schritttempo zum Mercedes zurück. Sie schalten das Fernlicht ein. Der Mercedes wird angeleuchtet, das Szenario wird ins Rampenlicht gesetzt. Alle vier steigen aus. Der Beifahrer nimmt sein Handy in die Hand, er hat wohl gerade die SMS von den Kollegen erhalten, sie tuscheln, schauen sich etwas verunsichert um. Sie öffnen die beiden rechten Türen und beugen sich in den Pkw. Alle vier Männer sind jetzt auf den Pkw fokussiert.

„Zugriff", ertönt es im Funk.

Mit wenigen Schritten sind wir an dem Pkw und wie in einem Kriminalfilm, absolut routiniert und abgeklärt, werden die vier zu Boden geschleudert, fixiert und mit Handschellen gesichert.

Sie führen zusammen über 20.000 Euro mit sich, mit denen sie offensichtlich das Rauschgift bezahlen wollten. Die Beweislage gegen die vier ist erdrückend, auch weil bei der noch in der gleichen Nacht von der Staatsanwaltschaft angeordneten Durchsuchung der Wohnungen der vier Männer weiteres umfangreiches Beweismittel aufgefunden wird.

„Herr Braun, das war Ihr erster großer Einsatz, an dem Sie teilgenommen haben und dann sind Sie maßgeblich an so einem großen erfolgreichen Schlag gegen unsere kleine erfolglose Drogenmafia beteiligt", schaltet sich unser Chef ein.

Alle lachen und ich merke, dass mein Spitzname „Braun" bereits bis in die Führungsetage aufgestiegen ist. „Ich bedanke mich bei Euch allen für die gute Arbeit, und ich verspreche, dass Ihr den Rest des Wochenendes nicht mehr zum Dienst müsst", dankt der Chef uns allen.

„Na, Herr Braun, nach der Verbrecherjagd sollten wir uns noch einen kleinen Absacker gönnen. Eine Streife des Nachtdienstes fährt uns in die Altstadt, ein Taxi dann nach Hause, mein Auto bleibt stehen".

Irgendwo in weiter Ferne klingelt ein Telefon, ich taste, ich suche. Es ist mein Telefon, es steht neben meinem Bett auf dem Nachttischschrank, ich liege im Bett, greife nach dem Hörer:

„Schläfst Du noch, was ist los, bist Du krank, wo warst Du gestern Abend", schreit Frank ins Telefon.

„Wieso rufst Du mitten in der Nacht an, ist was passiert?"

„Wieso mitten in der Nacht, es ist nach zwölf Uhr, wir wollten doch die Radtour machen?"

Ich schaue auf die Uhr, 12.10 Uhr. Auf meinen Freund kann ich mich verlassen. Ich springe auf, sage zu, in 20 Minuten fertig zu sein, werde Frank in der frischen Luft erzählen, warum ich gestern nicht konnte, warum ich mit meinem Kollegen Lucci so fürchterlich versumpft bin. Frank wird mich beneiden und mir neugierig zuhören. Er wollte eigentlich Polizist werden, aber seine Augen waren nicht in Ordnung, er war auf dem linken Auge fast blind, so wurde er Banker. Ich will damit aber keinesfalls andeuten, dass er zu den Bankern gehört, die blind „links" die Welt in eine Krise geführt haben.

Kapitel 6

Unheimliche Begegnungen

Allzu Menschliches mit großer Wirkung, manchmal mit einem tragischen Ende, manchmal haarscharf am Heimlichen vorbei und manchmal mit fröhlichem Ausgang, wird Polizeikommissar Brauns Erfahrungsschatz bereichern:

Ich erzähle Frank von der Festnahmeaktion und dem etwas feuchtfröhlichen Abend, an dem Lucci mir bis zum frühen Morgen verrückte Anekdoten aus seinem reichhaltigen Fundus anvertraute:

Ich bin jetzt schon eine längere Zeit im Wechselschichtdienst. Vieles habe ich im polizeilichen Alltag erlebt. Lustige und skurrile Geschichten, Schutzmänner mit Humor und Ereignisse, die nur das Leben schreiben kann, die man nicht erfindet. Es muss nicht Mord und Totschlag sein, Unterhaltung braucht keine „Action". Es sind die kleinen Anekdoten am Rande, die man schnell vergessen könnte, die gut erzählt einen ganzen Abend für Kurzweil sorgen. Zu diesen wahren Geschichten gehören auch die nun folgenden unheimlichen Begegnungen.

Der Spinnenfall

Die Sprache kann eine Geschichte in eine bestimmte Richtung lenken, und dann löst sich am Ende das Geschehen ganz anders auf:

„Frau am Steuer Ungeheuer", eine frauenfeindliche Aussage. Früher völlig ohne Belang, so führt eine solche Äußerung eines männlichen Polizisten gegenüber einer Kollegin heute zu Beschwerden bei der eigens in der polizeilichen Hierarchie eingegliederten Frauenbeauftragten. Es gibt nicht wenige männliche Kollegen, die im Rahmen der Gleichberechtigung für den Mann vergeblich nach dem Männerbeauftragten rufen. Aber es gab eine ungeheuerliche Geschichte, bei der man ohne dienstliche Konsequenzen zu befürchten, sagen darf „Frau am Steuer – Ungeheuer".

Die Landstraße begleitet in leichten Kurven den parallel verlaufenden kleinen Fluss. Idyllisch präsentiert sich die Landschaft. Im langsam fließenden Wasser spiegelt sich der gegenüberliegende Berghang. Der Wind säuselt langsam durch das Tal, die Vögel stimmen sich im Chor auf das bevorstehende Frühlingserwachen ein.

Inmitten dieser Ruhe fährt ein Cabrio und sucht sich seinen Weg. Am Steuer eine junge Frau, ihr Schal flattert im Fahrtwind, sie pfeift mit den Vögeln und genießt die Landschaft. Die Sonne steht hoch am Himmel, sie blendet nicht, sie beobachtet. Neugierig hat sie alle Wolken vom Firmament geschoben. Die Straße ist trocken und frisch asphaltiert. Ideale Voraussetzungen für eine Spazierfahrt, ganz alleine, ungestört.

Die einsame Fahrerin schaut in den Rückspiegel, irgendetwas bedrückt sie. Ein seltsames Gefühl beschleicht sie. Sie fühlt sich nicht mehr alleine. Sie schaut wieder in den Rückspiegel, wird sie vielleicht verfolgt. Da bemerkt die Frau einen kleinen Schatten unter dem Rückspiegel, der Schatten bewegt sich, er lebt, er ist schwarz und hat acht Beine. Eine Spinne, ein Ungeheuer, Panik. Sie dreht das Lenkrad nach links, als wolle sie dem Ungeheuer ausweichen, völliger Unsinn, aber in der Panik reagiert der Mensch oft falsch. Sie verliert die Kontrolle über ihr Cabrio, gerät in den Graben, die Reifen greifen ins Leere, ein Überschlag mit harter Landung neben einem Baum. Der Pkw ist demoliert, die Frau schockiert. Kurze Zeit später erreicht die Polizei die Unfallstelle. Auf die Frage, was denn passiert

ist, antwortet die Frau: „In meinem Auto war eine Spinne, ein Ungeheuer."
„Das ist ja ungeheuerlich", meint der Polizist und fügt noch an, „Frau am
Steuer mit Ungeheuer."

Dieses tatsächliche Unfallgeschehen hat Peter, der Dichter, wie folgt umschrieben:

Heimlich fährt sie mit - die Spinne -,
als blinder Passagier im Auto drinne,
und wie Frauen so mal sind,
sie hatte Angst vor Spinnen schon als Kind,
wird sie vor Schrecken total blind.
Sie verliert jetzt die Kontrolle,
ein Überschlag mit halber Rolle,
sie hat sich aus dem Wrack gewunden,
die Spinne, die war lang verschwunden.
Vergeblich sie das Tier gesucht,
ist das ein Fall von Unfallflucht?
So spinnte es genau „den" seidenen Faden,
das ungeheuerliche Ding,
an welchem das Leben der Fahrerin hing.
Unverletzt kam sie aus dem Auto raus,
so ging die Sache glimpflich aus.

Es gibt die unterschiedlichsten Begegnungen. Ohne Belang ist es, ob
diese Begegnungen tatsächlich unheimlich sind oder nur eine subjektive
unheimliche Wirkung erzielen. Die Begegnung kann auch einfach nur unheimlich peinlich sein, so wie in der nun folgenden Begebenheit:

Der Zeitungsleser

Geschichten, die in keiner Zeitung stehen und mit Humor zu erzählen sind;

An einem schönen Sommertag, recht früh am Morgen, fährt eine Gruppe Polizeimotorradfahrer in wohlgeordneter Formation über die Autobahn. Man ist in allerbester Stimmung, denn man fährt zu einem beliebten Sondereinsatz.

An der Spitze der Formation hat sich der erfahrenste Polizist eingeordnet, er traut sich zu, die Gruppe schnell und sicher zum angestrebten Ziel zu geleiten. So erreicht die Gruppe irgendwann auch eine der vielen sommerlichen Autobahnbaustellen. Ein Geschwindigkeitstrichter reduziert die Höchstgeschwindigkeit zunächst auf 80, dann auf 60 km/h.

Pflichtbewusst verlangsamt der erfahrene Polizist die Fahrt auf die erlaubte Geschwindigkeit.

In diesem Moment wagt es doch ein Pkw mit einer Geschwindigkeit von wesentlich mehr als 60 km/h an der Polizeimotorradformation vorbeizufahren. Was erlaubt der sich denn, kein Respekt vor der Polizei. So nicht, der kann doch nicht machen, was er will. Nein, das kann der gewissenhafte erfahrene Schutzmann nicht dulden.

Nach der Baustelle wechselt die Formation auf die Überholspur und erhöht die Geschwindigkeit, bis die Spitze der Motorräder in Höhe des respektlosen Pkw ist.

Jetzt passiert das Unfassbare, da sitzt doch der Fahrer, es handelt sich dem äußeren Anschein nach um einen Japaner, hinter seinem Steuer und liest genüsslich seine Zeitung und macht so, als ob das alles so völlig normal sei. Der ansonsten besonnene Beamte steigert sich jetzt in einen Rausch, er gerät außer sich. Er versucht durch wildes Gestikulieren auf seinem Moped den unverschämten Zeitungsleser auf sich aufmerksam zu machen. Tatsächlich bemerkt der Japaner den völlig aufgebrachten Polizisten, schaut kurz, lächelt freundlich, nickt zustimmend mit dem Kopf und liest weiter.

„Jetzt grinst der auch noch blöd, der soll gefälligst seine Zeitung zur Seite legen und sich auf seine Fahrerei konzentrieren. Der ist offensichtlich unbelehrbar."

Der Beamte überlegt kurz und versucht, sich selbst zu beruhigen.

„Eigentlich ist mein Auftrag ja heute ein anderer, der Japaner fährt, obwohl er Zeitung liest, ausgesprochen sicher. Nun etwas langsamer sollte er schon fahren, vor allem, wenn die Polizei neben ihm fährt, so ganz ohne etwas zu tun, nein, das geht nicht, auch weil andere Verkehrsteilnehmer das Ganze ja auch mitbekommen."

Der dienstbeflissene Polizist beschleunigt kurz und löst sich aus der Gruppe, fährt vor den Pkw mit dem Zeitungsleser und bremst diesen auf 60 km/h runter. Ein kurzer Blick in den Rückspiegel lässt den Beamten frohlocken. Der Japaner hat die Zeitung aus der Hand gelegt.

„Na geht doch", denkt er und positioniert sich wieder vor der Gruppe.

Nach einigen Kilometern hält die Formation an einer Rastanlage an, um eine kurze Kaffeepause einzulegen. Als alle am Tisch sitzen, fragen einige der Kollegen den erfahrenen Beamten:

„Was wolltest Du eigentlich vorhin von dem Engländer?"

In diesem Augenblick wurde dem Beamten klar, dass der Zeitung lesende freundliche Japaner in einem rechtsgelenkten Pkw nur der Beifahrer war. Der Japaner wird sich wohl heute noch fragen, was der seltsame Polizist auf dem Motorrad eigentlich von ihm wollte.

Dies ist ein typisches Beispiel für Begegnungen der unheimlich peinlichen Art.

Schwarzfahrer oder schwarzer Humor

Die Tragödien und wie Selbstschutz manchmal aussehen kann:

Knallharte dumpfe Begegnungen mit makabren Zügen kommen natürlich auch vor. Von diesen erzählen wir Polizisten mehr intern. Könnte doch ansonsten, sollten sie nach draußen gelangen, das öffentliche Erscheinungsbild leiden. Tatsächlich prallen jedoch manchmal allzu menschliche Züge genau im falschen Moment aufeinander, und es kommt zu Auswüchsen wie in der folgenden wahrheitsgetreuen Begebenheit.

Ein Junge im zarten Alter von 17 Jahren freundete sich mit einer Ratte und mit Drogen an. Während er die Ratte mit Liebe und Zuneigung bedachte, zerstörte er lieblos und rücksichtslos seinen eigenen Körper und Geist.

Diese Verrohung führte vermehrt zu verbalen und körperlichen Auseinandersetzungen mit Polizeibeamten. Der alleinerziehende Vater war dem Jungen auch keine Hilfe. Er litt an übermäßigem Verlangen nach Alkohol und war dem Sohn somit kein gutes Beispiel.

Tragisch endete das Leben des Jungen und seiner Ratte. Beide warfen sich vor einen ICE, der daraufhin mit erheblicher Verspätung seinen Zielort Stuttgart erreichte.

Nun sind solche Ereignisse für die direkt Beteiligten vor Ort von großer psychischer Belastung. Es ist nicht einfach, solche Erlebnisse zu verarbeiten, das geht eben an die Substanz. Wehe dem, der dann noch zu den Angehörigen muss, um diesen von dem Ableben des Lieben zu berichten.

So übernahm ein, in solchen Sachen geübter, Schutzmann diese leidige Pflicht.

Er begab sich zu dem Hause des Vaters, klingelte und bat um Einlass.

„In mein Haus kommt kein Bulle und wenn Du meinen Jungen suchst, ich weiß nicht, wo der ist", polterte der Mann wohl im Alkoholrausch los.

Für den Beamten war das in diesem Augenblick zu viel, er wurde selbst sehr böse und antwortete dem Mann:

„Ich weiß aber, wo er ist".

„Wo denn?", provozierte der Mann.

„Teilweise in Stuttgart", haute der Polizist raus, drehte sich um und ging des Weges.

Wir erkennen an diesem Beispiel, wie vielfältig „unheimliche Begegnungen" sein können.

Lieber Leser, darf ich kurz stören? Natürlich ist diese Geschichte makaber und schwarzer Humor kommt nicht immer an. Aber ich möchte Ihnen auch nichts vorenthalten. Die wirklich abgebrühten und teils gefühlskalten Menschen gibt es auch bei der Polizei, das möchte ich nicht verschweigen. Deshalb sind diese Charaktere letztlich keine schlechten Polizisten.

Ich hätte als Anekdote auch einbringen können, dass eben dieser Schutzmann einen 17-jährigen Jungen dabei erwischte, wie er es mit einem Huhn trieb. Der Junge begab sich in eine psychiatrische Behandlung und vergaß seinen kranken Trieb. Er legte sich nach Jahren eine Freundin zu, was den gefühlskalten Polizisten zu der unsensiblen Frage trieb, ob er, der Junge, denn mit dem Huhn Schluss gemacht hätte.

Aber diese Anekdote wollte ich dann doch nicht bringen und empfehle Ihnen die nun Folgenden, die zeigen, wie sensibel Polizisten sein können.

Lieber Leser, entschuldigen Sie die Störung, aber ich hatte das Bedürfnis, Ihnen das zu erklären.

Der Gefangenenchor

Mit Musik geht alles besser und wie ungewöhnliche Methoden den Völkerfrieden herstellen können:

Eine ganz andere sehr nette Art der Begegnung fand während einer Razzia auf einer Großbaustelle statt. Die Fahndungseinheiten des Zolls und des Arbeitsamtes bitten die Polizei immer wieder um Unterstützung. Fast auf jeder Großbaustelle findet man illegale Arbeitskräfte, oft in einer so hohen Zahl, dass man sie in Gruppen zusammenführt. Die Gruppen werden dann nach unterschiedlichen Gesichtspunkten aufgeteilt, ideal ist die Gliederung nach Nationalitäten.

Mit fünf Schutzmännern und zwei Schutzfrauen fuhren wir zu einer solchen Großbaustelle. Zusammen mit den zuständigen Behördenvertretern der Stadt, des Zolls und des Arbeitsamtes drängten wir auf die Baustelle.

Einer der Schutzmänner war ein ausgebildeter Sänger, der eigene Konzerte gab und einen Großteil seines Gehaltes in seine gesangliche Ausbildung steckte. Seine Urlaube verbrachte er zumeist in Italien. Er war dieser schönen Sprache mächtig und verdiente durch Gesangsdarbietungen auf öffentlichen Plätzen sein Urlaubsgeld.

Wie es der Zufall wollte, nahmen wir fünf Italiener, sechs Türken und acht osteuropäische Arbeiter fest. Wir entschlossen uns, die Gefangenen nach Nationen zu trennen und mit jeweils zwei Beamten zu bewachen. Für die Gruppe der Italiener hatten wir leider nur einen Beamten, unseren Sänger.

Während es innerhalb der osteuropäischen und türkischen Gruppe zu lauten Unmutsäußerungen und verbalen Angriffen auf die Polizisten kam, waren die italienischen Gefangenen ruhig.

Hoch oben vom fünften Stock der Großbaustelle hörten wir mit einem Male einen Chor, der mit großer Begeisterung „'O sole mio" trällerte.

Es hörte sich fantastisch an. Wir hielten alle inne und schauten nach unten. Der singende Schutzmann hatte die italienische Schwarzarbeiterkolonne in nur kurzer Zeit zu einem gut klingenden mehrstimmigen Chor geformt. Voller Freude sangen diese in der Fremde ein Lied ihrer Heimat. Sogar die türkischen und osteuropäischen Gefangenen lauschten und vergaßen ihren ganzen Ärger. Nach kurzer Zeit vereinten sich die Gefangenen aller Nationen in einen vielköpfigen Chor unter Leitung des deutschen Polizisten.

Die Lebensfreude, die dieser Gefangenenchor ausstrahlte, war unheimlich beeindruckend. Eine internationale Begegnung. Völkerverständigung auf eine unheimlich wunderschöne verrückte Art.

Die im Anschluss erforderlichen polizeilichen Maßnahmen gegen die Personen verliefen völlig friedlich und ohne Probleme.

Miami Vice oder wer zuerst zuckt, gewinnt

Bildungsfernsehen mit praktischer Umsetzung:

Es gibt überraschende Begegnungen, die auch abgebrühte Polizisten erstarren lassen.

Eine Kultserie, die viele noch kennen dürften. Zwei coole Cops im ewigen Kampf mit der Mafia im Strandparadies Miami. Dienst hin, Dienst her, wenn es irgendwie möglich war, dann wurde auch im Dienst der Fernseher eingeschaltet, um die beiden Polizisten auf Verbrecherjagd zu begleiten. Irgendwie haben wir das immer als Dienstunterricht proklamiert.

Wir hatten wieder zur Sendezeit dieser Serie Nachtdienst. In den letzten Wochen wurden in unserem Dienstgebiet vermehrt noble Wochenendhäuser aufgebrochen und regelrecht demoliert. Den Tätern kam es weniger darauf an, irgendwelche Wertsachen zu entwenden, sondern sie schienen Spaß am Zerstören zu haben. Teilweise verursachten sie Schaden im hohen fünfstelligen Bereich. Trotz intensivem Personaleinsatz konnten wir die Bande nicht dingfest machen.

Miami Vice war gerade zu Ende, der Abspann lief noch, als über Notruf ein Einbruch in ein solches Wochenendhaus gemeldet wurde. Zwei absolute Fans dieser Kultserie sprangen auf, riefen laut „Miami Vice" und rasten los.

Wir lachten und ließen die beiden alleine wirken, eine weitere Besatzung folgte ein paar Minuten später. Es war bestimmt wie immer, wir kommen zu spät, die Täter sind weg, wir sichern das Gebäude, und überlassen den Spurenlesern der Kripo die beweissichere Erhebung.

Bei Miami Vice werden auch von den Helden keine Spuren gesichert, Helden, insbesondere die der Schutzpolizei, haben Delegationsrecht.

Es sind ca. 30 Kilometer bis zum Tatort, die Miami-Vice-Streife ist nach knapp 20 Minuten am Tatort. Während Horst, ein Zwei-Meter-Mann, um das Haus geht, sichert Kalli, der Mann ohne Haare - genannt Cojak, den Eingang. Kalli nimmt die Pistole aus dem Holster und hält diese am langen Arm.

Plötzlich öffnet sich von Innen die Türe und zwei dunkle männliche Gestalten kommen aus dem Haus. Kalli erschreckt sich derart über diese unheimliche Begegnung, dass er unkontrolliert und unbewusst die Hand, in der sich seine Waffe befindet, hebt.

Er sagt später zu uns: „Wenn ich keine Glatze hätte, so hätten sich in diesem Moment meine Haare von alleine hoch gestellt.

Die beiden überraschten Täter sind von dem professionellen Umgang mit der Waffe durch den Polizisten derart beeindruckt und eingeschüchtert, dass sie sich beide sofort flach auf den Boden legen und laut schreien:

„Nicht schießen, bitte nicht schießen!"

Horst hört das Gebrüll und läuft zum Eingang. Hier steht Kalli, mittlerweile wieder gefasst, hält beide Täter in Schach und triumphiert: „Miami Vice."

Diesen beiden Tätern konnte aufgrund der Spurenlage die gesamte Einbruchsserie nachgewiesen werden. Ein großer Erfolg für die Schutzmänner dieser kleinen Polizeiinspektion.

Der Fall macht deutlich, wie wichtig es ist, dass die Beamten im Dienst fernsehen dürfen.

Jesus raucht Filterzigaretten

Es gibt viel zu tun mit den menschlichen Varianten:

Unheimliche Begegnungen, überraschende, immer wieder mal völlig realitätsfremde Situationen haben höchsten Unterhaltungswert, zumindest für uns Polizisten, wenn man diesen Situationen selbst unheimlich verrückt entgegentritt.

Die Zeit fliegt dahin, mehrere Schichtblöcke sind vorüber. Heute fängt ein neuer Schichtblock mit dem Frühdienst an, es ist Sonntag, 06:00 Uhr:

Jetzt bin ich schon früh da, könnte mir den Sportteil der Zeitung sichern, aber sonntags gibt's keine Zeitungen. Es scheint ohnehin egal zu sein, da der Notruf klingelt. Zwölf Stunden liegen vor uns. Zum Glück ist der frühe Sonntagmorgen normalerweise ruhig, da wird schon nichts auf uns zukommen. Ich sollte irren.

Dennoch rüste ich vorsorglich den Funkstreifenwagen auf und dann kommt auch schon Lucci, die Pünktlichkeit in Person.

„Liegt was an", fragt er den Wachhabenden des Nachtdienstes.

„Ja, Jesus lebt, er wartet auf Euch", grinst er, "Ihr wisst ja, Lourdes ist ein weltbekannter Ort, den in jedem Jahr Millionen Menschen besuchen, weil dort Maria erschienen ist. Wir gehen mit solchen Erscheinungen in aller Regel pragmatischer um. Nun ja, soeben wurde über Notruf gemeldet:

Kommen Sie bitte schnell, hier läuft ein Mann völlig nackt durch die Straßen und glaubt, Jesus zu sein.

Wir pilgern also nicht nach Lourdes, Jesus kommt zu uns."

Lucci und ich fahren los und erreichen nach 20 Minuten die Straße, in der uns tatsächlich ein völlig nackter Mann entgegen kommt. Auf der Straße liegen ein paar lange und kurze weiße Unterhosen. Die haben wohl ein paar Anwohner schnell aus dem Fenster geworfen, damit der Mann die anziehen kann.

„Ich bin Jesus", stellt sich uns der ca. 30-jährige muskulöse Mann vor.

Nach kurzer Überlegung entschließen wir uns, mit ihm das Theater mitzuspielen und legen ein, somit etwas zweckentfremdetes, Glaubensbekenntnis ab. Ich nehme die weiße Leichendecke aus dem Funkstreifenwagen und bitte Jesus, diesen weißen Umhang zu tragen. Dieser sei ihm würdig. Gleichzeitig bitten wir ihn, mit in unser „Papamobil" zu steigen, damit wir zusammen in die Kirche fahren können.

Wir erklären ihm weiter, dass auf der Wache bereits Pater Jupp, unser etwas korpulenter Wachhabender, auf sein Erscheinen wartet. Irgendwie glaubt uns der Mann diese Geschichte, und wir sprechen unsere Dienststelle über Funk an:

„Pater Jupp von Papamobil"

„Pater Jupp hört"

Ich war mir sicher, dass Jupp die Sache ohne Absprache mitmacht und jetzt entwickelt sich ein für alle unbeteiligten mithörenden Polizeibeamten völlig verrückter Funkverkehr.

„In unserem Papamobil befindet sich Jesus. Er möchte gerne mit uns und insbesondere mit Dir, Pater Jupp, in die Kirche."

„Das ist kein Problem. Ich erwarte mit großer Freude die Ankunft des Herrn", trällert Jupp.

Wir fahren los, Jesus will sich auf keinen Fall anschnallen. Es ist auch zwecklos, dies mit Gewalt durchzusetzen. Während der Fahrt versuchen wir ihn mit Huldigungen wohlgesinnt zu stimmen. Doch plötzlich fängt er an zu simulieren:

„Weiß, weiß, rot, rot, rot wie Blut!" und mit einem Male rastet er aus.

Wir halten mit dem Streifenwagen an und können ihn nicht beruhigen. Er entwickelt unglaubliche Kräfte und ist dann doch wieder wie aus heiterem Himmel friedlich. Wir fahren weiter und funken jetzt ständig irgendwelchen Unsinn mit Pater Jupp, weil wir merken, dass Jesus neugierig ist und so seine aggressiven Schübe vergisst.

Auf der Wache angekommen, trauen wir unseren Augen nicht. Jupp hat sich ebenfalls eine Leichendecke umgehängt. Mit seinem dicken Bauch hat er irgendwie etwas Pastorales. Er begrüßt Jesus und bittet ihn höflich in seine Residenz, unsere Polizeiwache. Wir suchen uns jetzt unsere Handschuhe. Denn wir müssen davon ausgehen, dass Jesus mit der Einlieferung in den Gewahrsam nicht einverstanden sein wird. Jetzt ereignet sich etwas Merkwürdiges. Jesus sieht, dass Pater Jupp raucht.

„Jesus will eine Zigarette", sagt Jesus.

„Mit oder ohne Filter?" fragt Jupp.

Ich wundere mich über diese Frage, aber schon bald weiß ich, was Pater Jupp im Schilde führt.

„Jesus raucht nur Filterzigaretten", erklärt der Kranke.

„Dann geh Dir bitte gerade welche ziehen, Jesus darf sich an unserem dienstlichen Zigarettenautomaten eine Packung kostenfrei ziehen. Geh ein Stück den Gang entlang dann links in den Raum, in dem Raum wieder nach rechts, dort hängt der Automat", erklärte Pater Jupp.

Jesus geht los. Was er nicht weiß oder zumindest verdrängt, weil seine Sucht nach billigen Zigaretten größer ist, dass dieser Raum unser Gewahrsam ist. Er geht gierig und gutgläubig hinein. Wir rammen schnell die Türe zu. Jetzt bemerkt Jesus, dass er gefangen ist und fängt fürchterlich zu toben an. Wir warten auf eine Besatzung des Deutschen Roten Kreuzes, die Jesus wieder befreit.

Jesus wird in eine Nervenklinik verbracht und nach einigen Wochen wieder entlassen.

Soziale Ansprechpartner, Schauspieler, Deeskalationskünstler, Verkleidungskünstler und vieles mehr. Polizei ist unglaublich vielseitig und fordert ein hohes Maß an sozialer Kompetenz und Selbstbeherrschung.

Wir verleihen Jupp den Oskar für die beste Hauptrolle in dem Thriller „Jesus raucht Filterzigaretten".

Herr Wunder wundert sich

Dienst ist Dienst und wirkt und wirkt:

Der Tagdienst ist gerade überstanden, da beginnt schon wieder der Nachtdienst.

Essen, Schlafen, Essen,

ein Rhythmus zum Vergessen,

auf zum neuen Kräftemessen.

Ich habe doch tatsächlich Probleme, all die Erlebnisse und Geschichten zu verarbeiten. Jeder Tag, jeder Einsatz und jede Begegnung bringt neue Eindrücke und zwingen mich, diese auch in der Freizeit zu verarbeiten. Ich trage einen Rucksack mit mir, den ich schnell fülle, aber nur langsam mental abarbeiten kann. Es sind nicht nur die spektakulären, sondern meist die kleinen, augenscheinlich unbedeutenden Einsätze, die mich zum Nachdenken zwingen. Die erfahrenen Kollegen haben das gelernt, nicht in der Polizeischule oder auf Seminaren, sondern in der alltäglichen Arbeit.

Der Nachtdienst hat ruhig begonnen, wir hauen alle in die Tasten, die unverzichtbaren Schreibarbeiten halten auf. Jupp lässt uns möglichst in Ruhe und erledigt bis jetzt alles telefonisch.

Um 01.10 Uhr steht er wieder in der Türe zum Aufenthaltsraum, seinen Bauch drückt er weit in den Raum, seine Arme lehnen am Türrahmen, er füllt fast die gesamte Türe aus. Diese Körperhaltung ist eindeutig, ein Einsatz steht an. Keine Worte, er nimmt einfach nur Haltung an.

Ich bin überzeugt, wenn Jupp zu einer Schlägerei kommt, erledigt sich die Sache meist schon durch seine gewaltige Erscheinung.

„Herr Baron und mein lieber Dichter, ihr habt einen Einsatz gewonnen. Drei Straßen weiter ist ein BMW in einen geparkten Pkw geprallt. Der Verursacher hat sich entfernt. Begebt Euch sofort zum Unfallort, ich brauche zuerst das Kennzeichen vom Verursacher. Lucci und Herr Braun werden dann sofort zur Anschrift des Halters fahren", weist Jupp an.

Das riecht nach Alkohol, jetzt beginnt die Jagd. Die Guten jagen den Bösen. Lucci legt großen Wert auf die Unterscheidung der vermeintlich Bösen. Es ist beileibe kein Kavaliersdelikt, wenn man alkoholisiert mit einem Pkw durch die Gegend fährt und nach einem Verkehrsunfall flüchtet, weil man ja was getrunken hat. Dafür hat der Gesetzgeber dies ja auch unter Strafe gestellt. Aber kriminell sind diese Verkehrssünder nicht, kriminell sind andere.

Nach kurzer Zeit steht der Halter des Kennzeichens fest. Jupp schickt uns in ein ca. zehn Kilometer entferntes Dorf.

„Jupp rufe die Taxizentrale an, der Fahrer ist doch nicht zu Fuß nach Hause. Ich kenne den Halter, das ist Herr Wunder, der hat zwei Orte weiter ein kleines Hotel. Ich denke, dass er dort abtauchen will", bittet Lucci.

Lucci und ich springen zum Streifenwagen und fahren etwas zügiger als normal in Richtung Hotel.

„Ihr könnt direkt zum Hotel fahren. Das Taxi hat den Fahrer soeben dort abgeliefert. Der Taxifahrer hat den Mann beschrieben, es handelt sich mit an Sicherheit grenzender Wahrscheinlichkeit um den Halter. Zudem hat er eine Verletzung an der Stirn, die wohl vom Unfall herrührt, und Herr Wunder soll stark nach Alkohol riechen", informiert uns Jupp.

„Vorauseilender Gehorsam Jupp, wir sind schon auf dem Weg", funkt Lucci.

Die Atmosphäre, die Chemie in der Dienstgruppe stimmt einfach, hier steht jeder für jeden ein, es macht Spaß Teil dieser funktionierenden Gemeinschaft zu sein.

Im Hotel brennt Licht, die Türe ist nicht abgeschlossen, wir gehen rein, können jedoch keine Person antreffen. Im Bereich der Rezeption erkennt Lucci ein Prospekt des Hotels „Wunder". Er nimmt das dienstliche Handy aus der Tasche und wählt die auf dem Prospekt abgedruckte Telefonnummer.

Es klingelt und wie erwartet, kommt Herr Wunder aus irgendeiner Nische gewackelt, um das Gespräch entgegen zu nehmen. Plötzlich steht er vor der Polizei.

„Sie schauen so verwundert Herr Wunder", frohlockt Lucci.

Mit offenem Mund steht er vor uns, sichtlich erschrocken und sprachlos. Sein Gang ist unsicher, er wackelt leicht im Stehen.

„Sie leiden wohl an Kniekehlenschwäche", eröffnet Lucci das Gespräch.

Ich muss mein Grinsen unterdrücken.

„Wieso Kniekehlenschwäche?", fragt Herr Wunder, „meine Knie sind in Ordnung."

„Haben Sie denn vielleicht Alkohol getrunken und das ist Ihnen auf die Knie geschlagen?", fragt Lucci besorgt.

„Ich habe ungefähr zwei Gläser Wein getrunken", räumt Herr Wunder ein, „aber das darf ich ja wohl. Ich habe den ganzen Abend im Büro gearbeitet und mir dabei einen guten Tropfen von der Mosel gegönnt."

„Wir fragen uns natürlich, wie sie zu der Verletzung an der Stirn gekommen sind und nun eine wichtige Frage, die uns brennend interessiert. Wo ist Ihr BMW?", ergänzt Lucci.

„Der steht vor dem Haus, schon den ganzen Tag", windet sich Herr Wunder.

„Da werden Sie sich aber wundern, wenn wir Ihnen jetzt erklären müssen, dass Ihr Pkw beim Abschleppdienst steht, nachdem er auf einen geparkten Pkw geprallt ist."

„Das kann nicht sein, dann wurde er entwendet", lallt er weiter.

Lucci kostet diese Situation aus, er drängt den Mann immer mehr in die Ecke.

„Im Pkw steckt der Autoschlüssel, an der Sonnenblende haftet Blut und der Taxifahrer hat Sie eben nach Hause gebracht".

„Okay, ich ergebe mich, ich hole mir gerade meine Jacke und dann komme ich mit", gibt Herr Wunder augenscheinlich auf.

„Geh ihm nach, der hat noch was vor, nicht dass der uns noch stiften geht", warnt mich Lucci.

Ich folge dem Mann unauffällig, er geht in die Hotelküche und sucht irgendetwas, wohl nicht seine Jacke. Plötzlich greift er sich eine Flasche Wein, einen Wein des Jahrganges 2012, eine liebliche Spätlese von der Mosel mit einer goldenen Kammerpreismünze prämiert, dies sieht man an der goldenen Banderole am Flaschenhals. Noch bevor ich es zu verhindern vermag, setzt er die Flasche an und nimmt einen kräftigen Schluck.

Mit wird klar, was er will, Nachtrunk ist das Schlagwort Er will die ihm bevorstehende Blutprobe „anfechtbar trinken".

Noch bevor ich ihm die Flasche aus der Hand nehmen kann, reißt er diese eigenhändig von seinem Mund. Sein Gesicht ist verzerrt, die Augen tränen. Er schüttelt sich und schaut verwundert auf das Etikett. Er erwartete einen süffigen süßen Tropfen, aber was er trank, war nicht trocken, sondern sauer. Wie sich später herausstellt, füllte der Koch im Laufe des Tages den Essig in eine zufällig bereit stehende leere Weinflasche, da die Essigflasche gerissen war.

Noch in der Küche übergibt sich Herr Wunder und der Essiggeruch verteilt sich im Raum.

„Sie wollten sich doch ergeben und nun übergeben Sie sich", lacht Lucci.

Herr Wunder lacht gequält und fährt ohne Jacke und ohne Widerstand mit zur Dienststelle, wo ihm die Blutprobe entnommen wird. Den Führerschein ist er nun für ca. ein Jahr los, immerhin ist er alkoholisiert mit seinem Pkw gefahren und dann noch geflüchtet. Freiwillig führt er noch einen Atemalkoholtest durch: 1,5 Promille.

Später fahren wir den Mann zu seiner Wohnanschrift, wo ihn seine Frau bereits erwartet.

„Ich habe schon gehört, was Du angestellt hast, Du wirst noch Dein blaues Wunder erleben!", droht seine Ehefrau.

Auf der Wache hat Jupp schon den Kaffee gekocht, wir sitzen im Aufenthaltsraum. Ich selbst trinke nachts nach 02:00 Uhr keinen Kaffee mehr, da ich um meinen Schlaf fürchte. Wie hat sich doch Herr Wunder gewundert, als plötzlich die Polizei im Hotel stand, als er Essig statt Wein trank, sein Führerschein beschlagnahmt wurde und jetzt noch seine wundersame Ehefrau ihre Finger in seine seelische Wunde legt.

Die Nacht neigt sich dem Ende. Ich fahre nach Hause. Hunderte von Fahrzeugen kommen mir entgegen, alle fahren zur Arbeit, nur ich, ich darf jetzt ins Bett. Das ist so ein Moment, an dem man sich sogar den Nachtdienst schön denken kann.

Überbringen einer Todesnachricht

Kommissar Braun lernt auch bittere Aufgaben kennen:

Ich habe nach dem Nachtdienst gut geschlafen, die ruhige Nacht hat mir zum Glück nicht viel in den mentalen Rucksack gepackt. Ich habe sogar sechs Stunden durchgeschlafen, Träume haben mich begleitet. Ich gehöre zu den Menschen, die den Rucksack durch intensive Träume oder Albträume auspacken.

Der Rest des Tages bis zum Nachtdienst ist kurz, auf ein Neues, der zweite Nachtdienst in Folge und dann frei bis Montag, das ist ein Feiertag.

Ich bin heute etwas früher dran und komme noch ins Gespräch mit Kollegen der anderen Dienstgruppe.

„Ihr müsstet gleich direkt rausfahren. Im Bereich der Nachbardienststelle ist ein Motorradfahrer tödlich verunglückt. Die Familie weiß noch nichts davon", bereitet mich ein Kollege schon mal vor.

Lucci kommt dazu, er greift zum Telefonhörer und ruft auf der Nachbardienststelle an. Er will wissen, ob es sicher ist, dass es sich um diese Person handelt, wie der Unfall passiert ist und welches Beerdigungsunternehmen den Mann zu welcher Friedhofshalle gebracht hat. Dann recherchiert er am Computer über die Einwohnermeldedatei, wo der Mann wohnt, wer mit ihm zusammen wohnt und klärt die Familienverhältnisse.

„Wie es aussieht, ist er verheiratet und hat ein dreijähriges Kind", bemerkt Lucci.

„Es ist wohl Deine erste Todesbenachrichtigung?", fragt Lucci.

„Ja", antworte ich erschreckt.

„Dann machen wir das so, Du bist der Böse und ich der Gute", legt er fest.

„Das versteh ich nicht", bitte ich um Aufklärung.

„Todesbenachrichtigungen sind für uns Polizisten mit einer der emotionalsten Situationen. Das geht an die Substanz. Für das Gegenüber ist diese Situation die absolut schrecklichste. Der Kollege, der die vernichtende Nachricht in Worte fast und mitteilt, der Kollege ist in den Augen der Angehörigen vielleicht unbewusst der Böse. Er kriegt in manchen Fällen keinen richtigen Zugang mehr zu den Hinterbliebenen. Jetzt ergreift der zweite Kollege das Wort und versucht die Türe zu den Köpfen der Leute offen zu halten. In der Regel wird ein Notfallseelsorger hinzugerufen. Die Leute wollen nun wissen, wie es passiert ist, wo der Verstorbene jetzt ist und vieles mehr. Daher ist es wichtig, sich zu informieren und möglichst viel über den Unfall zu erfahren. Es wird immer wieder diskutiert, wie sich der Überbringer der Nachricht verhalten soll. Darf er selbst emotional sein, darf er sogar weinen, soll er nur Fakten liefern und sich gefälligst zusammenreißen? Letztlich wird das Drehbuch von der Situation geschrieben. Absolut beeinflussen kann man das nicht"

Auf uns wartet ein Drehbuch, eine unheimlich traurige Begegnung, die selbst Lucci aus der Fassung bringen sollte.

Wir fahren los, im Streifenwagen ist es ruhiger, ruhiger als sonst. Jeder bereitet sich mental auf die bevorstehende Situation vor. Ich überlege, mit welchen Worten ich anfangen soll. Ich versuche, mich an Kriminalfilmen im Kino oder im Fernsehen zu orientieren. Sag ich es sofort an der Haustüre oder warte ich, bis wir in das Haus eingetreten sind. Was sage ich überhaupt, ich habe eine schlechte Nachricht für Sie, Ihr Mann hatte einen schweren Verkehrsunfall, Ihr Mann ist tödlich verunglückt.

„Mach Dir nicht zu viele Gedanken", muntert mich Lucci auf.

„Das Leben und Gott schreiben dieses Drehbuch ohne Worte. Die Handlung ist uns zum Teil vorgegeben, aber nicht der Text. Die Worte müssen wir selbst finden, und der Augenblick, in welchem uns die Person vor Augen tritt, legt uns meist die richtigen Worte in den Mund. Vorher zurechtlegen kannst Du Dir das nicht, nur eins sollst Du wissen, Deine Nachricht muss von vorneherein klar sein, sie darf keine falschen Hoffnungen wecken".

Wir sind angekommen, langsamer als sonst steigen wir aus dem Streifenwagen. Ich gehe vor, ich soll ja der Überbringer sein, ich betätige den Klingelknopf, mein Puls presst sich aus meinem Handgelenk, meine Kehle schnürt sich ein. Die innerliche Aufregung ist kaum auszuhalten. Lucci ist blass im Gesicht, mein Gesicht spiegelt sich im Glas der Eingangstüre. Keine Farbe mehr im Gesicht, weiß wie die Hauswand. Ich war schon mal so weiß im Gesicht, als das Kind bei dem verheerenden Verkehrsunfall sein Leben lassen musste.

Später wird der Baron feststellen, ich sei so weiß, ich falle schon unter das Vermummungsverbot.

Ich klingele ein zweites Mal. Ist denn keiner zu Hause oder ahnen die schon etwas und zögern noch.

Ich höre Kinderschritte, die Türklinke bewegt sich langsam nach unten und das dreijährige Kind öffnet. Ich denke noch, nicht das Kind, jetzt bitte nicht das Kind. Zu spät, ich stehe in der geöffneten Türe vor dem Kind. Das Drehbuch dieses Dramas zieht alle Register. Mit großen Augen starrt uns das Kind an.

„Mama, die Polizei ist da", ruft der Junge.

Zu meiner Überraschung nimmt er mich an der Hand und führt mich ins Wohnzimmer.

„Darf ich die Pistole mal sehen, hast Du schon mal geschossen, darf ich mal in Euer Polizeiauto, ich will auch mal Polizist werden".

Der Junge zeigt mir seine Spielzeugkiste, stolz präsentiert er uns sein Polizeimotorrad. Ich sitze plötzlich neben dem Jungen und spiele mit ihm.

Die Mutter kommt dazu.

„Entschuldigen Sie bitte, ich habe es nicht Klingeln hören. Ich packe die Koffer, wir fahren morgen in Urlaub."

„Wir fahren ans Meer, Papa und ich bauen dann eine Sandburg", jubelt das Kind.

Ich habe einen riesigen Kloß im Hals, je länger ich jetzt warte, umso schlimmer wird das Szenario.

Lucci hat sich auf das Sofa gesetzt, der Junge ist ihm auf den Schoß gesprungen. Lucci hat gerötete Augen, dem geht das richtig nahe.

„Meine Herren, was führt Sie zu uns", lenkt die Ehefrau des Verstorbenen wieder in die richtige Richtung. Einen Bruchteil einer Sekunde später ändert sich ihr Gesichtsausdruck. Sie hat mit einem Blick in unsere verzerrten blassen Gesichter erkannt, dass etwas passiert sein muss.

„Ist er tot oder gibt es noch Hoffnung?", bettelt sie förmlich um eine kleine Chance und sinkt auf das Sofa.

„Es tut mir sehr leid, aber Ihr Mann ist mit seinem Motorrad tödlich verunglückt", erkläre ich.

Eiseskälte im Raum. Totenstille. Ich kann nichts mehr sagen. Die Frau ringt um Fassung. Das Kind hüpft auf den Knien von Lucci. Lucci weint als erster, auch mir schießen die Tränen in die Augen. Das Drehbuch hat uns emotional umgehauen. Ich nehme die Frau in den Arm.

„Dieses Motorrad, immer wieder habe ich gesagt, dass das nicht gut gehen wird."

Sie hält sich zurück, sie weint nicht, sie reißt sich zusammen aus Rücksicht gegenüber dem Kind. Die Zeit steht still, das ganze Konzept passt nicht mehr. Sie bittet Lucci, mit dem Kind kurz in das Kinderzimmer zu gehen, die beiden gehen. Ich bin jetzt doch nicht der Böse, ich habe den Zugang zu der Frau nicht verloren.

„Wie ist das passiert, wo ist mein Mann?", fragt sie gefasst.

Ich erkläre ihr alles. Sie hört sich alles an, sie weint.

„Das kann ich meinem Kind nicht sagen, das schaffe ich nicht", schluchzt sie.

Es klingelt, das Kind läuft sofort los, es öffnet, der Notfallseelsorger kommt. Er wurde von Jupp verständigt. Zum Glück, er schaut uns in die Augen und sieht, dass wir völlig fertig sind.

„Fahrt zur Dienststelle, ich übernehme jetzt", fordert er uns auf.

Wir sind befreit, wir können abgeben. Ich drücke die Frau ein letztes Mal und verabschiede mich mit einem Händedruck von dem Kind.

Die Rückfahrt zur Dienststelle ist nur Schweigen, Lucci hat sich kurz über Funk abgemeldet und dann den Funk ausgestellt. Wir fahren zu einem Aussichtspunkt, setzen uns auf eine Bank und holen tief Luft.

„Das war Deine erste Todesbenachrichtigung und meine Schlimmste", findet Lucci als erster wieder seine Worte.

Nach geraumer Zeit sind wir zurück zur Dienststelle. Keiner hat uns gefragt wie es war, wir haben nicht mehr darüber gesprochen.

Im Rapport steht lapidar: *Überbringen einer Todesnachricht*

Lieber Leser, darf ich Sie kurz bei Ihrer Lektüre stören? Wie geht es Ihnen, wie intensiv sind Ihre Eindrücke, insbesondere nach diesem doch sehr traurigen Erlebnis?

Fühlen Sie sich wohl in Ihrer Rolle als Polizist, die Sie in diesem Buch einnehmen? Hat Sie vielleicht eine Sucht befallen, eine Sehnsucht nach Lucci, dem Dicken, dem Baron, dem Dichter? Es würde mich freuen, wenn ich bei Ihnen Neugierde und Interesse für das Buch und den Beruf des Polizisten geweckt hätte.

Beamen Sie sich zurück in eine Welt voller Spannung und Abwechslung, mit Menschen aus allen gesellschaftlichen Bereichen und den unterschiedlichsten Charakteren. Ich wünsche Ihnen weiterhin viel Spaß in Ihrer Rolle als Kommissar Braun.

Hoher Wiedererkennungswert

Dankbarkeit über Jahrzehnte – Polizisten sind auch Menschen:

Ein paar Tage sind vergangen, die schichtfreie Zeit ist vorbei, ein neuer Schichtblock steht an.

Da ist sie wieder - meine Dienststelle -, mit meinen Kollegen. Sie sitzen schon im Aufenthaltsraum und erzählen von ihren Familien, ihren Freundinnen. Sie suchen Rat, spenden gegenseitig Trost, geben Ratschläge. Einige diskutieren über die Fußballergebnisse des Wochenendes, andere über einen neuen Pkw, für den sie sich interessieren. Alltagsprobleme werden bewältigt, während alle auf die nächsten Probleme des polizeilichen Alltags warten. Keiner weiß, was kommt, jeder weiß, dass was kommt.

Lucci legt sehr großen Wert auf eine harmonische Dienstgruppe, auf eine familiär strukturierte Dienststelle, die von gegenseitigem Respekt und Vertrauen geprägt ist, auf der es kein Mobbing gibt, auf der man sich einfach wohl fühlt. Die äußeren Einflüsse, mit denen ein Polizist umgehen muss, belasten stark genug, selbst zerfleischen dürfen wir uns nicht. Immerhin sind wir mit den Kollegen, zieht man die Schlafenszeit ab, mehr zusammen, als mit unseren Partnern zu Hause.

Die Scheidungsrate im Polizeibereich ist hoch, sehr hoch. Der Lebenspartner lebt den Wechselschichtdienst eben auch mit. Gesellschaftliche Einschränkungen, unregelmäßige Essens- und Schlafzeiten, stressbedingte Reizzustände und viele andere Begleiterscheinungen müssen gemeinsam getragen werden. Dies gelingt leider nicht immer.

Seit dem der Anteil der Frauen bei der Polizei, insbesondere bei der polizeilichen Erstausbildung, gestiegen ist, suchen sich Polizist und Polizistin auch in der Freizeit und finden sich sehr häufig in einer Lebenspartnerschaft wieder. Damit wächst die Akzeptanz für den Wechselschichtdienst in der reinen polizeilichen Lebensgemeinschaft natürlich. Dennoch bleibt auch in diesen Beziehungen die Trennungsrate hoch, weil sich beide auseinanderleben. Sie sehen sich nur selten, weil sie in unterschiedlichen Schichtrhythmen tätig sind. Nicht immer gelingt es, die Arbeitszeiten auf den Dienststellen so zu gestalten, dass auch die gemeinsame Freizeitgestaltung auf hohem Niveau erfolgen kann. Sobald Kinder aus der Gemeinschaft erwachsen, aber Elternteile nach geraumer Zeit wieder voll in den Polizeiberuf einsteigen wollen, wird es erforderlich, die Schichten so zu legen, dass immer einer zur Betreuung des Kindes oder der Kinder zu Hause ist. Dies führt wieder zwangsweise zur Entfremdung der Ehepartner selbst.

„Heute gehen wir Fußstreife. Das Wetter ist gut, die Sonne wärmt und die Damenwelt promeniert in der Innenstadt", zeigt sich Lucci tatenfreudig.

„Fußstreifen sind wichtig, sie suggerieren dem Bürger durch die sichtbare polizeiliche Präsenz ein Gefühl der Sicherheit. Wir sind als Polizisten auch direkt ansprechbar und kommen mit den Leuten ins Gespräch", versucht Lucci mir die Fußstreife schmackhaft zu machen.

Ich erkläre ihm, dass ich überhaupt kein Problem damit habe und wir sofort losgehen können. Jupp gibt uns zwei Handfunkgeräte und ein Handy. Wir marschieren los.

Die Dienststelle liegt nahe der Altstadt, schon nach wenigen Minuten erreichen wir die Fußgängerzone. Ich fühle mich beobachtet, in der Uniform kannst Du nicht anonym in der Masse abtauchen. Du wirst erkannt, ein ganz neues Gefühl.

Ein Herr spricht mich an: „Herr Wachtmeister, darf ich mich vorstellen. Mein Name ist Freiland, ich habe eine rechtliche Frage, die sie mir als rechtskundiger Beamter sicher beantworten können. Nun, wie Sie bereits wissen, heiße ich Freiland. Ich beabsichtige nun eine Hühnerfarm zu gründen. Ich will für dieses Unternehmen eine alte Fabrik aufkaufen und die Hühner in der Fabrikhalle züchten. Nun zu meiner Frage. Darf ich meine Hühner im Verkauf angelehnt an meinen Nachnamen als „Freiland-Hühner" deklarieren?"

Ich bin überrascht, mit einer solchen Frage habe ich nicht gerechnet. Lucci lacht und stellt mir den Mann vor:

„Darf ich Dir den Herrn vorstellen? Das ist Herr Freiland, ein pensionierter Richter des hiesigen Amtsgerichtes. Sobald er einen neuen Kollegen trifft, torpediert er diesen mit völlig verrückten Fragen".

Wir unterhalten uns noch ein wenig, alte Zeiten werden aufgefrischt und Anekdoten aus der Gerichtszeit zum Besten gegeben.

Lucci kennt den Richter schon lange. Man merkt es an der Vertrautheit, er spricht ihn mit Herr Richter an, während der Richter väterlich „Lucci" zu meinem Streifenpartner sagt.

„Weißt Du noch?", erinnert sich der alte Amtsrichter, „Dein leider verstorbener Kollege Herbert, was für eine Erscheinung, groß, stark, wortgewaltig und mehrfacher Sieger im Meisterboxen. Herbert war als Zeuge in der Hauptverhandlung gegen einen jungen Mann geladen. Auf frischer Tat hat Herbert ihn beim Spannen erwischt. Der junge Mann erklomm über eine Außentreppe vom Garten kommend eine Veranda und stierte von dort in das Schlafzimmer einer alleinstehenden Dame. Der Junge tat dies öfters und Herbert, als Liebhaber getarnt, wartete auf den Spanner. Als der kleinwüchsige junge Mann voller Inbrunst durch den nur zum Teil verschlossenen Rollladen stierte und sich auf den Live-Act freute, baute sich Herbert zur Überraschung plötzlich vor dem Jungen auf. Der Riese und sein Zwerg. Letztlich stürzte der Zwerg die Treppe herunter und wurde nach ärztlicher Versorgung im Krankenhaus dem städtischen Gefängnis zugeführt, wo er auf seine Verhandlung wartete.

In der Verhandlung ergriff der Pflichtverteidiger des jungen Mannes das Wort und hinterfragte kritisch, aus welchem Grund der Riese Herbert denn den kleinwüchsigen Mann mit einem gezielten Schlag die Treppe hinunter beförderte. Selbstsicher und voller Überzeugung antwortet Herbert:

„Er nahm eine drohende Haltung an".

Als dies der junge Mann vor Gericht hörte, schrie er in den Gerichtssaal: „Der Scheißbulle lügt doch!", woraufhin Herbert noch im Gericht dem Angeklagten eine Ohrfeige verpasste.

Mit dem Einverständnis des Pflichtverteidigers diktierte ich daraufhin dem Gerichtsschreiber:

„Nach Beleidigung Erwiderung auf der Stelle, somit erledigt."

Lucci und der Richter lachen, obwohl sie sich die Geschichte wohl schon hundertmal erzählt haben.

„Hilfe, Hilfe haltet den Mann, der hat meine Geldbörse gestohlen!", hallt es durch die Fußgängerzone. Eine alte Frau liegt mitten auf der Straße und blutet.

„Kümmere Dich um die Frau", rief Lucci und nimmt sofort die Verfolgung des jungen Mannes auf.

„Lauf Junge, hilf Lucci", schaltet sich der Richter ein, „ich helfe der Frau."

Lucci hat schon einen Vorsprung von 50 Meter, er läuft im gleichbleibenden Abstand hinter dem Handtaschenräuber her. Das wird Lucci nicht lange durchhalten, für einen längeren Verfolgungslauf gegen einen jungen Mann fehlt ihm die Kondition. Lucci merkt gar nicht, dass ich von hinten langsam näher komme. Lucci hechelt ins Handfunkgerät irgendetwas von, ich verfolge einen Räuber, laufe geradewegs in Richtung Polizeidienststelle. Er ist kaum zu verstehen, seine Kurzatmigkeit frisst die Worte. Er versucht erneut zu funken, um seine gegenwärtige Position zu beschreiben. Vergeblich, er kriegt kein verständliches Wort mehr raus. Ich bin jetzt bis auf zehn Meter an Lucci und ca. 15 Meter an dem Räuber dran. Auch ich beginne nach Luft zu schnappen.

Plötzlich verlangsamt Lucci, greift das Handfunkgerät mit der rechten Hand und schleudert es direkt in Richtung des flüchtigen Räubers. Knapp 500,- Euro kostet dieses Funkgerät, aber das interessiert Lucci nicht und wie ein Wunder, das Wurfgeschoss trifft den Räuber genau im Nacken. Er gerät ins Straucheln und stürzt. Lucci erreicht den Täter als erster, ist völlig außer Atem und setzt sich einfach auf den auf dem Gehweg liegenden Räuber. Das Funkgerät liegt unbeschädigt daneben. Aus dem Funkgerät höre ich Jupp:

„Was ist los Lucci, wo ist Euer Standort. Kannst Du mir mal sagen, wo Ihr seid".

Lucci kann nicht, er hat noch immer Schnappatmung. Ich greife mir das Funkgerät und beruhige Jupp:

„Lucci hat den großen Wurf gemacht. Der Täter liegt am Boden, und Lucci erdrückt ihn derzeit mit seinem Gewicht. Wir sitzen hier 20 Meter vor dem Eingang zur Dienststelle".

Peter und Olaf stürzen aus dem Haus, nehmen den noch immer benommenen Täter fest, durchsuchen ihn, finden mehrere Geldbörsen, auch die der verletzten alten Dame und schleppen ihn zur Dienststelle.

Lucci und ich folgen den Dreien. Auf der Wache fragt Peter, der Dichter, Lucci:

„Wo hast Du denn die Kondition her, mit der Du einen jungen sportlichen Mann noch derart platt laufen kannst?"

Lucci demonstriert Gelassenheit: „Ich trainiere ja nicht so oft wie Ihr und nehme nicht am Dienstsport teil. Aber es ist alles nur Kopfsache."

Die Kollegen schauen sich an und können mit der Antwort nicht viel anfangen. Ich selbst kann mich vor Lachen nicht halten. Erst jetzt erklärt Lucci, was es mit dem Begriff „Kopfsache" auf sich hat.

„Ich habe beim Nachlaufen schon nach zehn Sekunden gemerkt, dass ich dem Tempo des Jungen nicht mehr folgen kann. Ich bekam kaum noch Luft, wollte aber auf keinen Fall, dass mir der Räuber entkommt. Ich musste also abwägen, ein defektes Funkgerät riskieren und somit die Chance erhalten, dem Spott der Kollegen zu entgehen. Mit letzter Kraft schleuderte ich das Funkgerät auf den Flüchtenden, dass ich früher Handball spielte, kam mir zugute. Volltreffer auf den Hinterkopf, der Rest war einfach."

Der Täter führt keinerlei Ausweispapiere mit sich, kann angeblich kein Deutsch. Peter, der Dichter, schwänzelt lauter um den Jungen rum.

„Ich kenne den, ich habe den schon mal gesehen. Ihr könnt mich für verrückt erklären, aber der soll sich mal komplett ausziehen. Ich bin überzeugt, dass der eine Tätowierung am Penis hat. Wenn sich das bestätigt, dann kriege ich den Namen raus".

Der Junge muss sich komplett entkleiden und tatsächlich, seinen Penis ziert ein Tattoo. Nun dauert es nicht lange und die Personalien stehen fest. Es handelt sich um einen Rumänen, der vor zwei Jahren, als angeblich 13-jähriger Junge, bereits alte Frauen überfallen hat und nach der Festnahme abgeschoben wurde. Tatsächlich war er zu diesem Zeitpunkt 17 Jahre und somit strafmündig. Jetzt ist er 19 Jahre und wird ein echtes Problem haben. Vor zwei Jahren konnte er plötzlich gut deutsch sprechen. Nachdem er über seinen Penis identifiziert ist, spricht er auch wieder deutsch.

„Gemeinsam sind wir stark", triumphiert Jupp und ist auf seine Truppe mehr als stolz.

Wir wollten eine gemütliche Fußstreife laufen, und es entwickelte sich wieder ein nicht geplantes und nicht vorhersehbares Event. So ist das bei der Polizei, jeden Tag im Kino, manchmal läuft eine Komödie, manchmal ein Drama.

Lucci muss jetzt noch die Anzeige und den Bericht schreiben. Ca. zwei Stunden wird er brauchen, Olaf und Peter übernehmen die erkennungsdienstliche Maßnahme. Ich schaue mir das alles an und warte, bis die drei fertig sind. Das kommt in den Kino- und Fernsehfilmen einfach nicht rüber, die ständige Schreiberei.

Mittlerweile bringt der alte Amtsrichter die Frau, die seine Jahrgangskollegin sein könnte, auf die Dienststelle. Die Frau blutet leicht an ihrer Lippe und hat sich beim Sturz den Arm verstaucht. Dankbar nimmt die Frau ihre Geldbörse entgegen.

„Ich werde Euch zu Weihnachten eine große Schüssel Plätzchen backen und diese persönlich vorbeibringen."

„Na, Herr Richter, dürfen wir denn dieses Geschenk annehmen?" fragt Olaf der Baron.

„Selbstverständlich, es handelt sich ja nicht um Bestechung, und die Frau will sich damit ja keinen Vorteil erschleichen. Es wäre letztlich sogar fatal, einer so dankbaren älteren Dame die Freude zu nehmen, Euch eine Freude zu bereiten", genehmigte der pensionierte Richter das Angebot.

Über viele Jahre wird die Frau Weihnachtsplätzchen für ihre Wache backen, bis sie selbst in einem Altenheim untergebracht wird. Olaf der Baron und Peter, der Dichter, gehen sie zwei Mal im Jahr dort besuchen, und kurz vor Weihnachten bringen sie ihr immer ein paar Plätzchen mit. Sie ist an Demenz erkrankt, manchmal, an guten Tagen, kann sie sich an die beiden erinnern.

Der Baron erklärt: „Immer wenn ihr die Tränen in die Augen schießen weiß ich, dass sie uns erkannt hat."

Das sind sie, die menschlichen Züge, die ich Polizisten nicht zugemutet hatte. Wir als Außenstehende sehen oft nur die raue Schale unter der tristen Uniform.

Polizei bricht Ehemann acht Finger

Verfolgungsjagd mit Folgen für den Täter:

„Fahren Sie sofort in die Fritz-Albert-Straße, Hausnummer 98, vierter Stock, dort Familienstreitigkeiten."

Ich bestätige den Auftrag und Lucci gibt Gas. Wir kommen heute nicht zur Ruhe.

„Familienstreitigkeiten nehmen zu, zumindest habe ich den Eindruck, und ich bleibe dabei, die Einsätze in Mehrfamilienhäusern sind immer in den oberen Stockwerken."

Erhöhte Vorsicht ist angesagt, diese Einsätze sind mit die gefährlichsten. Wenn sich die Emotionen in Beziehungen hochschaukeln, dann liegt die Hemmschwelle hin zur körperlichen Gewalt sehr niedrig. Lucci zieht normalerweise nicht gerne die Schutzweste an, heute hat er sie an und fühlt sich in Anbetracht des bevorstehenden Einsatzes mit der Weste am Körper wesentlich sicherer.

In den meisten Fällen haben sich die Gemüter bei unserem Eintreffen wieder beruhigt. Wir übernehmen dann kurz die Rolle des Familienberaters und ziehen wieder ab. Ein Streit kommt in den besten Familien mal vor. Aber wir dürfen uns von diesen problemlosen Einsätzen nicht blenden lassen. Wenn die Emotionen weiter kochen und sich die Streithähne und -hennen nicht selbst abkühlen, dann eskaliert dies auch hin zu unkontrollierten Gewaltschüben gegenüber den Polizeibeamten oder auch anderen Personen, die eigentlich nur helfen wollen. Viele Kollegen haben bei solchen Einsätzen ihr Leben lassen müssen, weil sie von der Situation überrascht wurden.

Wir erreichen den Einsatzort, Lucci hat richtig Gas gegeben. Wir springen aus dem Streifenwagen, gelangen durch den geöffneten Hauseingang in das Treppenhaus. Auf der Treppe vom Keller kommend haftet frisches Blut. Spätestens jetzt schalten Körper und Geist auf Vollalarm. Wir ziehen die Waffe, arbeiten uns so schnell wie möglich Stockwerk für Stockwerk nach oben. Im zweiten Stock öffnet sich eine Türe: „Die Frau liegt oben, er ist weg", teilt uns eine Frau leise mit.

Im Treppenhaus ist jetzt alles blutverschmiert. Es sieht aus wie in einem Schlachthaus. Wand, Treppenstufen und Geländer, alles rot. Lucci bittet jetzt über Funk vorsorglich um Entsendung eines Notarztes und des DRK. Wir erreichen den vierten Stock, die Wohnungstür steht auf. Eine Frau liegt blutverschmiert in der Diele.

„Er ist weg, es war mein Mann", hechelt sie und wirkt zu meiner Überraschung ruhig und abgeklärt.

„Die steht unter Schock", diagnostiziert Lucci.

Schnell haben wir die Personalien des Mannes ermittelt und eine sofortige Fahndung eingeleitet. Mittlerweile sind die ersten Kollegen am Tatort eingetroffen. Wir warten noch auf die für solche Gewaltdelikte zuständige Kriminalpolizei. Bis zu deren Erscheinen obliegen uns die Maßnahmen des ersten Angriffes. So heißt das auf Polizeideutsch. Die Kollegen der Kriminalpolizei erklären unisono, dass eine gute beweissichere Aufklärung von Straftaten mit den ersten Maßnahmen vor Ort einsetzt und die Schutzpolizei in dieser Phase sehr gute und entscheidende Arbeit leistet.

Lucci ist ein alter Haudegen, er organisiert diese ersten Maßnahmen. Das Haus wird auf den Kopf gestellt, vom Keller bis zum Dachgeschoss, alles wird durchsucht, auch die Wohnungen der Unbeteiligten. Der Mann ist weg.

„Ich war im Keller, um die Wäsche zu waschen. Als ich mich gerade im Waschraum vor die Waschmaschine kniete, sprang mein Mann, von dem ich mich vor drei Monaten getrennt habe, in den Raum. Er schrie, dass ich seine Ehre mit Füßen treten würde, und er nun zur Rettung seiner Ehre handeln müsse. Er führte ein Küchenmesser in der rechten Hand und stach sofort auf mich ein. Ich schützte instinktiv mein Gesicht. Er stach mir mehrmals in den Rücken und dann in den Bauch. Ich verspürte kaum Schmerzen, sah aber auf einmal, dass ich blutete. Er ließ kurz von mir ab, und ich konnte aus dem Keller ins Treppenhaus flüchten. Ich schrie um Hilfe, aber keiner konnte oder wollte mir helfen. Er verfolgte mich und stellte mich wieder. Jetzt drückte er mir das Messer tief in meinen Bauch. Ich konnte mich wieder befreien, schleppte mich, jetzt doch merklich geschwächt, die Treppe hoch. Meine älteste Tochter rannte mir entgegen, sie erkannte ihren Vater und schrie. Mit einem Male ließ er von mir ab und lief davon."

Die Frau erzählt uns die Vorkommnisse in aller Ruhe, irgendwie scheint sie sich mit dem nahen Ende ihres Lebens abgefunden zu haben. Sie liegt in ihrer Blutlache, aber so lange sie mit uns spricht, so lange funktioniert auch ihr Kreislauf. Endlich, Notarzt und DRK sind eingetroffen. Die werden der Frau jetzt helfen. Später wird sich herausstellen, dass der Mann 26 Mal zugestochen hat, fünf Stiche sind bis zu zwölf cm in den Bauchraum eingedrungen, und keiner dieser Stiche hat ein Organ getroffen. Glück im Unglück.

Mit dem Eintreffen des Arztes verliert die Frau ihr Bewusstsein.

„Hier muss doch irgendwo die Tochter sein", meint Lucci und sucht in der Wohnung. Sie hat sich im Schlafzimmer eingeschlossen.

„Es kann nichts mehr passieren. Deiner Mutter wird geholfen. Sie öffnet, tritt aus der Türe und fällt in meinen Arm. Sie weint und ich glaube, dass ihr das hilft.

„Hast Du gesehen, wie das alles passiert ist", frage ich sie ruhig.

„Ja, es war Papa, der hat Mama schon früher immer verprügelt, deshalb hat sich Mama auch von ihm getrennt. Der Papa ist sehr böse. Ich habe Angst vor ihm."

„Hast Du ein Bild von Deinem Vater?"

Sie führt mich ins Wohnzimmer, wo ein Bild des Vaters an der Wand hängt. Ich nehme es an mich. Es wird noch wichtig für die Fahndung sein. Die Helfer des DRK nehmen die Tochter vorsorglich mit ins Krankenhaus.

Mittlerweile ist die Kriminalpolizei vor Ort. Lucci weist sie in die Lage ein und übernimmt nun die Koordination der Fahndung. Auf der Dienststelle kennt einer der Bezirksbeamten den Täter und sein Umfeld.

Bezirks- oder auch Kontaktbeamte sind die direkten Ansprechpartner für bestimmte Stadtbezirke, die auch in diesen Bezirken Sprechstunden abhalten. Dies hat sich bewährt, die kennen ihre Pappenheimer und verfügen über optimale Personen- und Ortskenntnisse.

Es werden drei Anlaufadressen bekannt, die dem Täter als Versteck dienen könnten. Lucci und ich übernehmen das Objekt in der Ludwig Späth Straße 32. Hier wohnt der Onkel des Täters. Wir fahren sofort vor Ort, stellen den Streifenwagen verdeckt ab und gehen zu dem Anwesen.

„Ich habe es gewusst, fünfter Stock, Dachgeschoss. Aber jetzt ist es von Vorteil, wenn er sich in der Wohnung aufhalten sollte, dann kann er unmöglich aus dem Fenster springen und flüchten", überlegt Lucci.

Wir klingeln bei einer unbeteiligten Familie im Erdgeschoss, uns wird geöffnet. Wir steigen langsam im Treppenhaus hoch. Nichts Verdächtiges ist wahrzunehmen. Fauchend erreichen wir den fünften Stock. Vor der Türe stehen mehrere Schuhpaare. Alle so ca. Größe 40, nur ein Paar ist an den Sohlen feucht und wird wohl Schuhgröße 42-43 haben. Dies muss nichts bedeuten, aber wir sind uns einig. Hier ist vor kurzem eine Person angekommen. Wir klopfen an der Wohnungstüre. Lucci hält sein Ohr direkt an die Türe.

„Ich höre leises Gemurmel", stellt er fest.

Wir klopfen erneut und langsam öffnet sich die Türe. Ein älterer Mann schaut durch den Spalt, der sich nun zwischen Türrahmen und Tür auftut und fragt nach dem Grund unseres Erscheinens.

„Sie sind doch der Onkel vom Ismet. Ist der Ismet zufällig hier?"

„Nein hier ist keiner, ich bin ganz alleine".

Lucci drückt nun mit Gewalt die Tür auf, der Mann stolpert in die Diele:

„Was soll das, ich zeige Sie an", startet der Mann einen vergeblichen Einschüchterungsversuch.

„Vor der Tür stehen Schuhe, die Ihnen nicht gehören, die sind feucht und stehen noch nicht lange da. Ich kann mir nicht vorstellen, dass einer bis ins Dachgeschoss kommt und Ihnen Schuhe vor die Tür stellt und dann wieder geht. Dann haben Sie weder Fernsehen noch Radio an. Ich denke nicht, dass Sie Selbstgespräche führen. Wir haben aber deutlich gehört, wie sich in Ihrer Wohnung zwei Personen leise unterhalten haben. Ihr Neffe hat eben versucht, seine Ehefrau mit unzähligen Messerstichen umzubringen und da wir glauben, dass Sie den hier verstecken, stellen wir Ihre Bude jetzt auf den Kopf, es sei denn, sie würden uns freundlicherweise mitteilen, wo Ihr Neffe ist."

Nachdem der Onkel Lucci merklich aufgeregt zugehört hat und in dieser Zeit mehrfach die Gesichtsfarbe wechselte, tritt er wortlos zur Seite und lässt uns gewähren.

Wir sind uns sicher, der Täter muss in der Wohnung sein. Wir arbeiten uns mit gezogener Waffe langsam vor, ein Zimmer nach dem anderen. Nichts, einfach nichts. Sollten wir uns denn so getäuscht haben. Nach ein paar Minuten stehen wir wieder zusammen mit dem Onkel in der Diele.

Während ich den Mann in ein Gespräch verwickele, vermeidet dieser auffällig den Blick in den ersten Raum auf der rechten Dielenseite. Lucci`s Instinkt meldet sich, er deutet mit einem Augenzwinkern in diesen Raum. Während er den Onkel ablenkt, schleiche ich langsam in den Raum. Den habe ich eben schon durchsucht. Im Schrank hat sich keiner versteckt, im Bett liegt keiner, ich hatte eigens die Bettdecke hochgehoben. Es ist zwar nicht möglich, aber rein theoretisch könnte der Mann in dem engen Bett-kasten liegen. Ich hebe das Bett hoch, um in den darunter befindlichen Bettkasten zu schauen. Mit einem Male sehe ich zwei Hände, die sich an der Seitenwand des Bettkastens festhalten wollen.

„Okay, Ihr habt mich. Ich gebe auf!", klingt es aus dem Kasten.

Wie von einem Stromschlag getroffen knalle ich das Bett wieder nach unten:

„Ich hab ihn, Lucci der liegt im Bettkasten.

„Ich hör es", grinst Lucci.

Er öffnet den Bettkasten.

„Pass auf Lucci!", warne ich ihn.

„Der macht nichts mehr", lacht mein Kollege, und in diesem Augenblick steigt der Täter mit schwer verzerrtem Gesicht aus dem Kasten. Er stellt sich dabei seltsam an, da er seine Hände nicht benutzt.

„Ich kann meine Hände nicht mehr bewegen", jammert er. „Ihr habt mir alle Finger gebrochen."

„Sorry, aber ich bitte um Verständnis, dass ich keinen Cent Mitleid auf-bringen kann. Mitleid habe ich mit Ihrer Frau und Ihrer Familie, mit Ihnen nicht", frohlockt Lucci.

Wir durchsuchen den Mann, legen ihm dennoch die Handschellen an und führen ihn ab. Auf der Fahrt zur Kriminalwache erklären wir ihm, dass seine Frau den Mordversuch wohl überlebt hat.

„Das war kein Mordversuch, ich wollte sie nur mit dem Messer ein wenig kitzeln. Die blöde Alte hat doch so viel Speck, da kann nichts passieren", stellt er völlig reuelos fest.

Wir sind froh, als wir den Unmenschen abliefern können. Ich merke, dass mich eine unglaubliche Wut überkommt, ich habe den großen Wunsch, diesem Typen Schmerzen beifügen zu wollen. Lucci merkt dies und beruhigt mich:

„Der wird seiner gerechten Strafe zugeführt. Die Beweislage ist eindeutig, der hat Blut an den Klamotten und das Tatmesser haben die Kollegen vor dem Haus gefunden. An diesem werden auch Spuren des Täters sein und dann haben wir ja noch Zeugen. Wir müssen uns da wie Profis verhalten. Wir dürfen uns nicht provozieren lassen. Durch so ein Arschloch riskieren wir doch nicht, dass wir unsere Uniform ausziehen müssen. Mentale Stärke und Bärenruhe unsererseits sind eine optimale und legale Waffe, mit der wir solchen Typen erfolgreich begegnen können. Das bringt die doch letztlich zur Weißglut."

Der Vorfall hat die überörtliche Presse interessiert.

„Ich schlage folgende Schlagzeile vor", lacht Olaf.

„Polizei bricht Ehemann acht Finger"

Kapitel 7

Abgetaucht

Immer im Einsatz – auch wenn der Magen knurrt:

Nach der erfolgreichen Festnahme fahren wir zurück zu unserer Dienststelle. Der Hunger zwingt uns zu einem kleinen Umweg. Das Angebot erstreckt sich von Fast Food über internationale Küche, Pizza, Döner oder Kebab, bis hin zum Bäcker oder vielleicht doch direkt zum Metzger. Noch während wir bei dieser unglaublichen Auswahl an unserer eigenen Unentschlossenheit zu scheitern drohen, erreicht uns folgende Funkdurchsage:

„Derzeit wird eine Frau von einem Mann am Flussufer mit dem Kopf unter Wasser getaucht. Der Zeuge ist vor Ort und beobachtet die Sache aus sicherer Entfernung."

Sollte es sich wieder um so eine emotionale Geschichte handeln? Versucht der Ehemann seine Frau zu ertränken? Wird da eine Prostituierte von ihrem Zuhälter gefügig gemacht? Es ist alles möglich. Heute scheint eben der Wurm drin zu sein. Der Hunger muss sich hinten anstellen, wir teilen der Einsatzleitstelle über Funk mit, dass wir uns in unmittelbarer Nähe befinden und sofort zum Tatort fahren.

„Das Wasser ist noch eiskalt, höchstens acht oder neun Grad. Wenn der Typ die Frau richtig ins Wasser drückt, dann kann das böse ausgehen", befürchtet Lucci.

Nach nur fünf Minuten sind wir am Fluss. Mittlerweile hat die Einsatzleitstelle dafür gesorgt, dass der Nahbereich hermetisch abgeriegelt ist. Normalerweise ist dann kein Durchkommen mehr.

Plötzlich springt aus dem Gebüsch ein Mann auf die Straße und hält uns an.

„Die sind gerade wieder weg gefahren, beide, Mann und Frau, sitzen wieder im Auto. Es handelt sich um einen dunklen BMW, er ist die Hauptstraße runtergefahren. Das Kennzeichen habe ich vor lauter Aufregung nicht gesehen", schildert uns der Zeuge.

Es handelt sich wohl auch um den Anrufer. Lucci gibt die Hinweise sofort in die Fahndung. Ärgerlich, wir haben den Pkw wohl nur um Sekunden verpasst.

Nur wenige Augenblicke später meldet sich Olaf der Baron, der mit Peter dem Dichter zur richtigen Zeit am richtigen Ort postiert ist.

„Wir haben den Pkw und kontrollieren den jetzt", funkt Olaf.

Lucci hat mittlerweile die Personalien des Zeugen notiert, springt zu mir in den Funkstreifenwagen, und wir rasen zum Kontrollort.

Als wir diesen erreichen, treffen wir auf eine völlig entspannte Atmosphäre. Die beiden Kollegen krümmen sich vor Lachen. Die Frau hat ihre nassen Haare in ein Handtuch gewickelt und der vermeintliche Zuhälter steht neben den Kollegen und grinst bis hinter beide Ohren.

Wir steigen neugierig aus und sind an der Aufklärung des Sachverhaltes interessiert.

„Was ist denn hier für ein Kino?", fragt Lucci.

Olaf fängt sich als erster:

„Ruf die Einsatzkräfte zurück. Die Frau sollte beileibe nicht ertränkt werden, sondern es handelt sich um ein Taufritual. Der Mann ist ehrenamtlicher Pfarrer der afrikanischen evangelischen Gemeinde. Die Frau ist 18 Jahre und nach deren Glauben muss die Taufe zwischen dem 16. und 18. Lebensjahr traditionell in einem Fluss erfolgen, dies wurde heute im Fluss fristgerecht durchgeführt."

Wir schmunzeln auch und wünschen der Frau, dass sie sich trotz der kalten Außentemperaturen bei dem kirchlichen Akt nur den kirchlichen Segen und keine Erkältung geholt hat.

Gier und Geltungssucht

Mit Mäusen fängt man Hummer:

Heute hätte ich meinen Freiblock, aber ein Virus lässt sich auch durch eine Uniform nicht abschrecken. Zwei komplette Dienstgruppen hat er förmlich eliminiert.

Da hilft kein Jammern. Um Sicherheit zu gewährleisten, brauchen wir jeden Mann und jede Frau, um die Mindeststärke aufrecht zu halten.

Lucci kommt mich abholen, so spare ich zumindest die Spritkosten. Die zusätzlichen Stunden packe ich auf den bereits angesparten Berg von Überstunden. Verschenken oder verkaufen, das geht wohl nicht, hat das eigentlich schon mal einer versucht?

Abbauen lassen die sich auf jeden Fall vor der Pension, wieso gibt es eigentlich für Überstunden keine Zinsen?

„Super, da kommt ja auch schon unser Dream Team", empfängt uns Jupp.

Unsere gesamte Dienstgruppe opfert die für die Regeneration nach dem Nachtdienst so wichtige Freizeit für die Virusausfälle. Der Teamgeist der Indianer auf der untersten Ebene stopft immer mal wieder die Löcher, die durch personelle Fehlplanungen auf der obersten Ebene gerissen werden.

„Seit Wochen versuche ich diesen elenden Haftbefehl zu vollstrecken, der Typ ist wie vom Erdboden verschluckt. Nur seine Handynummer, die hat er nicht geändert. Ich kann ihn ja nicht anrufen und bitten doch eben mal bitte zur Polizei zu kommen, um acht Monate von der Bildfläche zu verschwinden." jammert Olaf beim Blick auf seinen Aktenberg.

„Ich hätte da eine wohl etwas verrückte Idee, aber mit ein wenig Glück und Geschick könnte es klappen", biete ich Olaf meine Hilfe an.

„Was für eine verrückte Idee?" will Olaf wissen.

„Wir könnten Deinen Freund doch mal anrufen, uns als Mitarbeiter eines hier beheimateten Radiosenders ausgeben und Mister Raffgier einen lukrativen Gewinn in Aussicht stellen", preise ich meine Idee mit viel Herzblut an und bettele mit Mimik und Gestik um Erlaubnis.

„Quatsch", Olaf wehrt sich noch.

„Kein Quatsch", super, Jupp hilft. „Nun lass Brauni mal machen, wenn das funktioniert, ist er unser Held. Gib ihm doch die Handynummer."

„Wie heißt denn Dein Freund?"

„Das ist nicht mein Freund, Hummer heißt der, Werner Hummer."

Olaf willigt ein.

„Ist das nicht einer der Junkies, die wir vor einiger Zeit mit der niederländischen SMS aus deren Loch zum Autohof gelockt haben?" fragt Peter.

„Richtig, genau der ist das und jetzt lockt Brauni den für uns aus seinem neuen Rattenbau. Im Grunde gewinnt er tatsächlich - acht Monate all inklusive in einem Einzimmer-Apartment", grinst Jupp.

Jetzt sind alle Feuer und Flamme und finden die Idee richtig gut, sogar Olaf. Er bringt mich in ein nahes Büro, von dem aus ich ungestört telefonieren kann.

„Hummer", meldet sich eine tiefe verrauchte männliche Stimme.

„Hier ist Radio RPR, vermutlich Ihr Lieblingssender, wenn nicht, so wird RPR schon bald Ihr Lieblingssender sein", ich hole kurz Luft.

„Was soll das?" Hummer antwortet, er legt nicht auf, er scheint interessiert.

Diesen Moment muss ich nutzen:

„Herr Hummer, der Zufallsgenerator hat Ihre Mobilnummer ausgeworfen, wenn Sie jetzt noch zwei kleine Hürden überspringen, dann sind Sie der Gewinner der Woche."

„Was für Hürden, was für ein Gewinn", der Fisch kreist um den Haken, ist Hummer eigentlich ein Fisch?

Ich gebe der Angel noch etwas Schnur:

„Naja, Sie sollten innerhalb einer Stunde erreichbar sein und für ein Live-Interview zur Verfügung stehen. Wir kommen zu Ihnen, Sie müssen gar nichts weiter unternehmen. Würden Sie das machen?"

Jetzt muss er zubeißen, das ist der entscheidende Augenblick.

„Ja, das ist möglich. Ich kenne den Sitz Ihres Senders, ich wohne in der gleichen Stadt. Sie könnten innerhalb von 10 Minuten bei mir sein."

Der Hummer hat angebissen.

„Fantastisch, wir sind dann in 30 Minuten bei Ihnen. Zu welcher Adresse soll ich unser Team schicken?"

„Kirchstraße 37, klingeln Sie bitte mit der obersten Klingel, die, auf der kein Name steht, ich komme dann runter."

In meinem Innersten bin ich total aufgeregt, aber ich täusche Gelassenheit vor, verlasse das Büro und schreite zur Wache. Alle warten schon ungeduldig.

„Und Brauni, Deine Aktion ist wohl ein Reinfall", Olaf hat einfach kein Vertrauen in mich.

„Stimmt", frohlocke ich. „Voll der Reinfall, fragt sich nur für wen, in 30 Minuten wissen wir mehr."

Ich übernehme jetzt sogar die Einsatzplanung, ein völlig neues Gefühl.

Selbstbewusst schicke ich das Team Olaf und Peter zum Kirchplatz.

„Dort wartet Ihr bitte, bis Lucci und ich Euch rufen. Ihr seid dort außer Sichtweite."

„Jupp, hast du gehört, Brauni sagt noch bitte!" lacht Peter.

„Ich gehe mit Lucci in ziviler Kleidung zur Kirchstraße 37. Dort werden wir ja sehen, wer überrascht wird", schließe ich meine taktische Planung ab.

Es geht los. Alle sind jetzt voll konzentriert. Lucci parkt unseren Funkstreifenwagen auch auf dem nahen Kirchplatz. Bewaffnet mit einem Handfunkgerät, einem Handy und einem Diktiergerät gehen wir zur Kirchstraße 37.

Tatsächlich, die oberste Klingel ist nicht beschriftet.

Ich drücke die Klingeltaste und nichts passiert. Wir warten, Geduld ist gefragt.

Mit einem Male öffnet sich das Fenster im Dachgeschoss.

„Seid Ihr vom Radio?"

„Ja", bestätige ich, „dann sind sie wohl Herr Hummer?"

„Ich komme runter."

Gut, dass wir nicht als Polizisten zu erkennen sind. Die Türe öffnet sich und da steht er vor uns, Herr Hummer, der uns jetzt acht Monate keinen Kummer mehr bereiten wird.

Freudig kommt er auf mich zu, ich genieße den Moment, nur Lucci, der fackelt nicht lange und legt dem völlig überraschten Mann die Handschellen an.

„Scheiße, die Bullen!" brüllt er noch.

Zu spät, Olaf und Peter kommen hinzu, und Olaf kann endlich seinen Haftbefehl vollstrecken.

„ Vier Bullen für mich, welche eine Ehre", will Hummer provozieren. „Jetzt könnt Ihr mich auch noch wegen Beamtenbeleidigung anzeigen, Ihr Bullen, das ist mir jetzt auch egal", Hummer ist sichtlich angefressen.

„Beamtenbeleidigung, wieso, Bulle ist ein Begriff aus dem Niederländischen und bedeutet so viel wie „Kluger Mensch", lacht Olaf.

Auf der Wache ist was los.

„ Super Brauni, das war mal eine Nummer, ich mache schon Jahrzehnte Dienst, aber das habe ich auch noch nicht erlebt. Das ist der Hammer", lacht Jupp begeistert.

„Nicht Hammer, ich heiße Hummer", beschwert sich der noch immer geschockte Festgenommene.

„Herr Hummer, ich müsste von Ihnen noch die Fingerabdrücke sichern und sie fotografieren."

Olaf greift wieder den dienstlichen Faden auf.

„Fotografieren, Du brauchst wohl Bilder für Dein Schlafzimmer, du Wichser." Hummer ist noch immer sauer.

„Nein, nicht für das Schlafzimmer, wir brauchen die Fotos für unsere Dart-Scheibe", kontert Jupp.

Wir haben Glück, der Dienst verläuft ruhig, vielleicht hat ja der Virus auch auf der Gegenseite zugeschlagen.

Lucci denkt noch etwas über die Festnahme nach.

„Mensch Brauni, ich glaub wir sind mittlerweile wirklich das Dream Team von Jupp. Grandios wie Du heute Witz, Intelligenz und Einfallsreichtum kombiniert mit rhetorischem Geschick gegen kriminelle Energie, Neugierde, Naivität und Habgier eingesetzt hast. Du hast Dich mittlerweile in der Dienstgruppe zu einer festen Größe entwickelt. Obwohl ich selten eine Polizeimütze aufsetze, Hut ab mein Freund."

Gänsehaut überzieht meinen Körper, das tut gut, das braucht die Seele.

Traumberuf

Nicht jeder Autodidakt bleibt in Freiheit:

Ein 17-jähriger Junge, der mit sich und seinem Leben in Unfrieden geraten ist, und nun auf alles pfeift, auf Schule, auf seine getrennt lebenden Eltern, was aufgrund der Gesamtumstände nachvollziehbar ist, und auf die Gesetze.

Gesetze, nein danke, er lebt nach seinen Regeln und den Gesetzmäßigkeiten, die sein Überleben garantieren.

Fleiß und Ehrgeiz, die er in der Schule und in mehrfach abgebrochenen Lehren für bessere Zeiten konservierte, investiert er jetzt in nächtliche Diebestouren, für die er „unverschämter Weise" keine Nachtzulagen erhält.

Mit dem sauer ergaunerten Geld kauft er sich einen abgehalfterten Pkw, damit er auf seinen nächtlichen Touren mobil ist und seine Beute besser transportieren kann. Er investiert, obwohl er im Grunde sparsam ist.

Im Rahmen seiner missglückten Erziehung wurde ihm Sparsamkeit vorgelebt und eingetrichtert. So sparten die Eltern an Liebe und Zuneigung zu ihrem Kind, großzügig aber gaben sie das Kindergeld für Alkohol und Zigaretten aus, was zu sparsamen Einschnitten bei der Versorgung des Kindes führte. Geiz war schon immer geil.

So sparte der Junge auch, wie er es gelernt hat. Er gab kein Geld für den Führerschein aus, versicherte den Pkw nicht und zulassen, nein, zu teuer.

Jede Nacht auf Spritztour, getankt wird an Tanks der umher stehenden Pkw und durch den ein oder anderen Einbruch bleibt auch noch etwas für den Lebensunterhalt.

Es kam wie es kommen musste, er wurde von der Polizei erwischt.

Er geizte nicht mit Versprechungen und Ausreden und beteuerte:

„Ich mache das nie mehr, ich mache jetzt erst mal meinen Führerschein."

Nach 2 Tagen sucht ihn ein Polizeibeamter erneut auf, um ihm deutlich zu machen, dass er unter polizeilicher Beobachtung steht.

Beladen mit 2 Kanistern, je 20 Liter, gefüllt mit Benzin, kommt er die Straße hoch, um zur Scheune zu gehen, in welchem der Pkw steht.

Der Polizist überrascht ihn:

„Was machst Du denn mit den beiden Kanistern?"

Nach kurzer Überlegung, die Schrecksekunde steht auch ihm zu, erklärt er mit voller Überzeugung:

„Ich will nur den Rasenmäher füllen, der ist leer."

Sein ganzes Leben auf Lügen aufgebaut,
sein halbes Leben nur geklaut,
den Rest des Lebens fast versaut,
Zeit, dass einer da dazwischenhaut.

Nicht jedes illegale Autorennen ist illegal

Wer wohl den meisten Humor braucht? Der Polizeiberuf ist für Kommissar Braun immer wieder eine Herausforderung:

„Ich habe mich für unseren Metzger entschieden und Du?", erklärt Lucci. „Mir ist das egal, Hauptsache ich krieg was in den Bauch", antworte ich.

Wir haben Glück, vor der Metzgerei ist ein Parkplatz, wir steigen aus, verschließen den Funkstreifenwagen und gehen rein. Da wir ständig erreichbar sein müssen, nehmen wir ein Handfunkgerät mit. Als wir endlich an der Reihe sind und Lucci gerade seine Bestellung aufgibt, stört ein Funkspruch:

„Laut Aussage eines glaubwürdigen Zeugen, der auf der Dienststelle angerufen hat, findet im Bereich des Autohofes wohl alsbald ein illegales Autorennen statt."

Wir vergessen die Bestellung, stürzen aus der Metzgerei, springen in den Streifenwagen, aktivieren Blaulicht und Martinshorn und los geht's.

Mittlerweile hat Jupp von der Dienststelle aus die Anfahrtswege der einzelnen Streifenwagen zum Autohof organisiert.

„Das mit den Autorennen ist doch eine gefährliche Sache. Die jungen unvernünftigen Schnösel gefährden durch so einen Quatsch nur Unbeteiligte und sich selbst", bewerte ich die Situation.

„Ich habe noch nie in unserem Bereich tatsächlich ein privates Autorennen erlebt. Da wird immer viel drüber gesprochen, aber wie in vielen Dingen übertreiben oder verfälschen und manipulieren die Medien und vor allem die sozialen Netzwerke", beschwichtigt Lucci.

Als wir am Autohof ankommen, ist die Besatzung 20 / 10, das ist der offizielle Rufname der Streife, mit welcher unser Dichter und der Herr Baron unterwegs sind, schon vor Ort. Schnell erreichen die anderen Besatzungen die Örtlichkeit, an der angeblich ein Autorennen stattfinden soll.

„Das ist wohl mal wieder eine Ente", meint Loreley, die mit Michael dem Sänger unterwegs ist.

Mit einem Male meldet sich Jupp über Funk:

„Der Anrufer hat sich eben wieder telefonisch gemeldet. Er teilte mit, dass das Rennen beendet sei. Gewonnen habe der Funkstreifenwagen mit den Endziffern 322 am Behördenkennzeichen. Herzlichen Glückwunsch an das Siegerteam."

Wir gratulieren Olaf und Peter, obwohl wir richtig an der Nase herumgeführt wurden, können wir uns ein leichtes Schmunzeln nicht verkneifen.

„Es ist schon interessant, auf welche Ideen die Leute kommen, um ihre Polizei zu ärgern", bemerkt Olaf.

Lucci betätigt den Knopf der Funksprechanlage und teilt Jupp mit:

„Wir haben dringende Ermittlungen bei Herrn Metzger und sind in den nächsten 30 Minuten nicht verfügbar."

„Verstanden und bringt mir bitte eine Kopie mit", bestätigt Jupp.

„Welche Ermittlungen", frage ich.

„Mein lieber Herr Braun, das lernen wir auch noch. Ein Ausdauersportler verliert erheblich an Leistungsfähigkeit, wenn er den sogenannten „Hungerast" hat. Ein Schutzmann darf es gar nicht so weit kommen lassen. Er ist zur Erhaltung der Dienstfähigkeit verpflichtet. Daher werden wir jetzt wieder zur Metzgerei fahren und dort unser Vorhaben von eben ohne Störung zu Ende bringen."

Nachdem wir uns mit einer deftigen Mahlzeit eingedeckt haben und unseren Dicken, so wird Jupp liebevoll gerufen, mit bedacht haben, melden wir uns über Funk:

„Wir kommen geladen zur Dienststelle".

„Verstanden, Herr Hunger wartet schon", dankt Jupp.

Ich räume den Tisch im Aufenthaltsraum auf, ordne heimlich die Zeitungen.

Ich kann's nicht lassen. Den Kaffee hat Jupp schon gekocht.

Während wir essen, übernimmt Peter, der Dichter, die Einsatzleitung auf der Wache. Vielleicht haben wir Glück, und es bleibt ruhig.

Nach ein paar Minuten betritt Peter den Aufenthaltsraum.

„Keine Sorge, Ihr könnt weiter essen, es liegt kein Einsatz an, aber ein Verkehrsteilnehmer hat sich soeben telefonisch über Jupp beschwert", grinst er.

Jupp hebt den Kopf: „Wer wagt es?"

„Stichwort Wildunfall", lacht Peter. „Da hast Du eben wohl wieder einen deftigen Spruch rausgehauen."

„Ich weiß Bescheid", auch Jupp beginnt zu lachen.

„Nein, es liegt keine Beschwerde vor, der Mann fand den Spruch nur toll und wollte sich bei dem lustigen Beamten bedanken."

Was war passiert. Der Mann meldete telefonisch einen Wildunfall mit den Worten: „Mir ist ein Reh ins Auto gelaufen".

Jupp antwortete spontan: „Dann machen Sie die Türe auf und lassen es wieder raus!"

So ist er nun mal, der gemütliche Dicke, immer für einen Spaß bereit.

Der Rest des Tages plätschert so dahin. Der Feierabend nähert sich wieder in großen Schritten. Die Zeit verfliegt, bisher hat mich noch in keiner Sekunde ein Gefühl der Langeweile beschlichen. Ich habe mir den Polizeiberuf nicht so vorgestellt. Irgendwie habe ich mich doch sehr von irgendwelchen Parolen und Unwahrheiten leiten lassen.

Der Schein trügt

Betrachtungen und neue Blickwinkel helfen gegen den Tunnelblick:

Lachend kommt Olaf aus seinem Büro. „Haben der Herr Baron heute gute Laune", feigst Peter.

„Ich habe immer gute Laune. Ich muss das nur nicht jedem zeigen, aber jetzt hatte ich gerade ein herrliches Telefonat."

Olaf erweckt in mir die für einen Polizisten so wichtige Neugierde.

Er setzt sich in den Aufenthaltsraum, greift nach der Kanne Kaffee:

„Ich habe es gewusst, immer wieder ich."

Mürrisch geht er in die Küche, um Kaffee zu kochen.

„Wer die Kanne leer macht, muss neuen Kaffee aufsetzen. Du kochst halt eben den besten Kaffee", kommentiert Peter den plötzlichen Stimmungswandel des Herrn Baron und fügt hinzu: „Daher lieben wir alle Deinen Baronen Kaffee."

Endlich der Kaffee ist fertig und Olaf setzt sich. Er gibt die Kanne nicht aus der Hand. Zu oft hat er schon erleben müssen, dass sein gerade frisch gekochter Kaffee unter den lieben Kollegen aufgeteilt wurde und sie ihm nichts übrig ließen. Er schenkt sich genüsslich ein, wartet ein wenig, dreht die Kanne wieder zu und stellt sie auf den Tisch. Jupp hat auf diesen Augenblick gewartet, er kocht nicht gerne Kaffee. Er greift nach der Kanne, dreht auf und will einschenken, mehr als drei Tropfen kommen nicht raus. Verwundert schaut er uns an.

„Na Jupp, dann musst Du ja jetzt wohl Kaffee kochen", lachen alle.

Da hat der Baron doch tatsächlich nur eine Tasse aufgesetzt.

„Jetzt erzähl doch endlich mal von Deinem so lustigen Telefonat", bitte ich Olaf.

„Ich hatte die Tage doch den Verkehrsunfall mit der älteren Dame und dem Afrikaner mit dem unaussprechlichen Namen. Eben rief mich die Dame an und erbat sich noch einige Daten zu dem Verkehrsunfall. Unter anderem wollte sie wissen, welchen Pkw der Mann benutzte und wie denn eigentlich der dunkelhäutige Mann mit Nachnamen hieß. Ich teilte ihr mit, dass der Mann in einem VW Polo unterwegs war und dass ich ihr den Nachnamen direkt buchstabiere, da der Name für unseren Kulturkreis kaum aussprechbar ist.

A wie Anton, B wir Berta, Marta, Ida, Ludwig, Theodor, Richard... noch während ich den Nachnamen weiter buchstabierte, unterbrach mich die Frau:

„Herr Wachtmeister, der Mann fuhr doch einen VW-Polo?"

„Ja", antwortete ich kurz.

„Wo haben denn die ganzen Menschen in dem Pkw gesessen?", fragte die Frau überrascht.

Ich musste plötzlich loslachen, entschuldigte mich bei der Dame und erklärte ihr, dass wir bei der Polizei zur Vermeidung von Irrtümern eben in dieser Art und Weise buchstabieren."

Aus der Schaltzentrale, Jupp`s Wohnzimmer, hören wir den Notruf erschallen, gleich einer Schalmei. Unsere Loreley steht auf und geht zur Toilette. „Da geht sie wieder hin, die Kollegin mit der Notrufblase", grinst Lucci.

Tatsächlich war es auch mir schon aufgefallen. Ab und an, wenn das Notruftelefon klingelt, der Klang ist sehr eigen, muss die Kollegin spontan zur Toilette. Sie wird doch nicht einsatzmüde sein.

Olaf verteidigt unsere Loreley:

„Ihr seid unfair, fast alle Frauen gehen vorsorglich vor möglichen Einsätzen noch schnell zur Toilette. Frauen können sich nicht mal so einfach in eine Ecke oder an einen Baum stellen, wie wir Männer. Ihr Verhalten ist letztlich sogar lobenswert. Ich muss für die Frauen jetzt auch mal eine Lanze brechen."

Jupp schiebt den Bauch durch die Türe, stützt sich am Türrahmen ab. Sein Körper füllt die Türe komplett aus. Diese Haltung ist eindeutig, ein Einsatz steht an.

„Olaf bricht für Loreley seine Lanze, das müsst ihr mir gleich noch erklären. Zuerst fahren Lucci und Brauni den Einsatz. Soeben ist der Rettungswagen mit Notarzt in die Weinstraße, in den Prunkbau gestartet, da ist wohl ein Kind in das Schwimmbad gefallen."

Lucci läuft los, ich komme kaum hinterher.

„Das ist nur ein Kilometer von hier", ruft Lucci.

Wir springen in den Streifenwagen und Lucci gibt Gas. Mit Blaulicht und Martinshorn erreichen wir nach zwei Minuten das Anwesen. Ein schlossartiger Bau mit einer Parkanlage in der Größe eines Sportplatzes. Das große Metalltor ist offen, wir fahren hindurch, ein Stück durch den Park und sehen das Schwimmbad. Auf den Fliesen vor dem Bad kniet eine Frau über dem wohl leblosen Kind und ein Mann schlägt der Frau laut schreiend zweimal heftig ins Gesicht.

„Was soll denn das", brülle ich los, Männer, die Frauen schlagen mag ich gar nicht. Ich stürze mich auf den Mann, der ein ganzes Stück älter als die Frau ist.

„Langsam", fordert mich Lucci auf, „lass den Mann in Ruhe, manchmal scheint etwas anders, als es tatsächlich ist."

Lucci hat Recht.

„Weshalb haben Sie die Frau geschlagen", frage ich den Mann.

„Meine Schwiegertochter steht unter Schock, ich musste etwas tun, damit sie etwas tun kann. Mein zweijähriges Enkelkind ist ins Schwimmbad gefallen und kann nicht schwimmen. Meine Schwiegertochter, es handelt sich um die Mutter des Kindes, ist ins Wasser gesprungen, hat das Kind geborgen, es am Rand abgelegt und ist in eine Art Starre verfallen. Dabei ist sie doch ausgebildete Krankenschwester. Ich habe ihr dann auf die Wangen geschlagen und ihr zu geschrien:

„Mach das, was Du gelernt hast!"

„Das haben Sie absolut richtig gemacht", lobe ich den Mann.

Die Frau ist tatsächlich aus ihrer Starre erwacht und macht jetzt das, was sie gelernt hat. Das Kind lebt, es bewegt sich, ist aber nicht ansprechbar. Der Rettungswagen und der Notarzt kommen, Notarzt und Mutter sprechen sich ab und das Kind wird sofort ins Krankenhaus gebracht.

Lucci spricht mit der Mutter, kein Vorwurf wegen des Verdachts mangelhafter Aufsicht, einfach nur ein beruhigendes Gespräch. Lucci sagt immer, in einer lockeren, freundlichen manchmal sogar väterlichen Konversation öffnet sich das Gegenüber eher und viele Fragen klären sich von selbst.

„Ich spielte mit meinem Kind dort hinten beim Sandkasten," beginnt die Mutter aus eigener Initiative mit der Schilderung des Geschehensablaufes. Der Sandkasten ist ca. 20 Meter vom Schwimmbecken entfernt. „In der Küche hatte ich Gemüse aufgesetzt, dies wollte ich kurz vom Ofen holen. Nach wenigen Sekunden überkam mich in der Küche ein Gefühl der Beklemmung. Irgendetwas zwang mich nach draußen. Ich ließ alles liegen und lief in den Garten. Ich sah mein Kind nicht mehr. Wie von einer fremden Kraft gesteuert, rannte ich zum Wasser, schaute in das Becken und sah mein Kind leblos auf dem Grund liegen. Ich sprang ins Wasser holte mein Kind und legte es neben das Becken. Ich verfiel in eine Art Schlaf, in eine Starre, aus der ich nicht mehr raus kam. Ich erwachte erst, als mein Schwiegervater mich schlug und mich anschrie."

Sie klammert sich an ihren Schwiegervater und bedankt sich. Wohl einer der seltenen Fälle, bei denen sich der Geschlagene beim Schläger bedankt.

„Ohne Dich wäre mein Kind wohl gestorben", seufzt sie.

„Ohne Dich, ohne Dein beherztes Einschreiten und vor allem ohne Deine Erste Hilfe wäre der Kleine nicht mehr am Leben. Lass uns hoffen, dass er keine bleibenden Schäden zurück behält", entgegnet der Großvater.

Wir notieren uns die Personalien, fertigen noch einige Lichtbilder von dem vermeintlichen Tatort an und verabschieden uns noch mit den besten Wünschen. „Das Kind ist in das städtische Krankenhaus eingeliefert worden", rufe ich noch hinterher.

Lucci fährt wortlos zurück. Unfälle mit Kindern sind einfach mit das Schlimmste, das passieren kann. Lucci schreibt noch den Bericht und dann ist Feierabend. Zwei Tage Freischicht.

Ich sitze zu Hause. Die Gedanken kreisen um das Kind, ob es wohl überlebt hat?

Ich kann nicht abschalten. Was ist das denn für ein Beruf. Ich mache mir keine Gedanken um die Polizei, aber ich denke ständig an die Polizisten. Diese emotionalen Quantensprünge, diese unglaublichen psychischen Belastungen und die Gesellschaft erkennt dies nicht. Sie spotten eher über die

„Bullen", die Radarfallenjäger, die Knöllchenschreiber und was es noch für Beschreibungen gibt.

Was würden wir denn in unserem demokratischen, freiheitsbetonten Land ohne die machen, die sich für Recht und Freiheit einsetzen. Die für uns auch notfalls ihr Leben lassen müssen. Die Polizisten befinden sich im ständigen Kampf gegen Menschen, die die Gesellschaftsordnung, die unsere Vorfahren erkämpft haben, attackieren und zerstören wollen.

Wo fängt öffentliche Sicherheit und Ordnung an, erst bei Mord und Totschlag?

Diese Frage kann ich jetzt beantworten. Ja, schon beim Falschparker. Das sind beileibe keine Kriminellen, aber eben auch Menschen, die langsam an der öffentlichen Sicherheit und Ordnung nagen. Falsch parken ist doch nicht schlimm, das ist doch ein Kavaliersdelikt. Nein, der Müllwagen, der nicht mehr durch die engen Gassen kommt, um den Müll abzuholen, die Feuerwehr, die mit ihrem Tanklöschfahrzeug nicht mehr durch die Straßen kommt, der Rettungswagen, der an einer Engstelle blockiert wird, der Linienbus, der seinen Fahrplan nicht einhalten kann, die Gesundheit der Menschen, die durch gesteigerte Abgase des Pkw geschädigt wird, nur weil einer falsch parkt. Zehn oder zwanzig Euro für falsches Parken und die Sache ist erledigt. Eigentlich sehr preiswert, wenn man bedenkt, was alles durch falsches Parken passieren kann.

Oh, Gott, welche Gedanken bauen sich in meinem Gehirn auf. Ich bin ja verbissener als die Polizisten selbst. Das ist wohl so, wie beim Raucher, der plötzlich zum militanten Nichtraucher wird.

Es klingelt zweimal. Lucci steht in der Tür.

„Ich habe keine Ruhe, das mit dem Kind beschäftigt mich noch. Ich muss das jetzt abschließen. Fährst Du mit ins Krankenhaus?"

Ich bin erleichtert, mir geht es nicht besser. Wir fahren los, zeigen im Krankenhaus unsere Dienstausweise und fragen nach dem Kind.

„Sie können auf die Kinderstation gehen, Zimmer 205."

Wir hechten die Treppe hinauf bis zum zweiten Stock, gehen über den Gang, klopfen an der Türe zum Krankenzimmer. Im Zimmer sitzen die Eltern des Kindes, sie lachen, das Kind springt auf dem Bett herum.

„Entschuldigung", Lucci kann kaum sprechen. Er dreht sich ab und geht zurück auf den Gang. Ich folge ihm, er weint, was für ein gewaltiger Druck muss in ihm geherrscht haben. Die Mutter kommt aus dem Zimmer.

„Sie sind doch die Polizisten von heute Mittag."

Sie drückt Lucci ganz lange an ihren Körper.

„Es geht dem Jungen gut, keine bleibenden Schäden, morgen holen wir ihn wieder nach Hause", schluchzt sie leise.

„Kommen Sie Herr Braun, wir sollten noch ein kleines Bier nehmen", fängt sich Lucci wieder Es wird wieder ein Abend, an dem das Auto stehen bleiben muss. Den Spitznamen Braun werde ich einfach nicht mehr los.

An diesem Abend erfahre ich zum ersten Male etwas über das Privatleben meines Streifenpartners. Seit acht Monaten getrennt lebend, ein Kind, einen zweijährigen Jungen. Er spricht aber noch immer liebevoll von „meiner Frau", mit der er auch noch ab und an ins Kino geht.

Die Freischicht will nicht enden, die Stunden bis zum Dienstbeginn schleichen dahin. Ich sehne mich nach meiner zweiten Familie, meiner Dienstgruppe.

Die Abschiebung

Die Grenzen des Berufs rütteln an allen Emotionen und verändern die persönliche Haltung:

Endlich wieder im Dienst. Heute bin ich aber eher nachdenklich, die emotionale Berg- und Talfahrt hat mich verändert. Der Beruf formt, wer sich nicht anpasst und verformen lässt, wird es schwer haben. Ich dachte immer, ich wäre ein harter Hund, kein Weichei oder so was. Unsinn, dieses Vokabular hat eine andere Bedeutung erhalten.

Peter, der Dichter, ist sehr sensibel, er erkennt, dass ich Redebedarf habe.

„Diese Phase, Brauni, macht jeder von uns mehrfach durch. Das gehört einfach dazu. Ich kenne da die Geschichte eines jungen, sehr sympathischen Kollegen, einem richtig guten Polizisten, den ein Einsatz nicht nur aus der Bahn, sondern auch aus seiner polizeilichen Laufbahn katapultierte. Er wurde vom Dienstherrn einfach abgeschoben."

Abschiebungen, nicht die von Kollegen, gehören schon seit Jahren zum polizeilichen Alltag, auch wenn der richterliche Segen erteilt wurde und die Durchsetzung rechtlich einwandfrei ist, so bleibt doch oft das Menschliche auf der Strecke.

Einzelne Personen oder auch ganze Familien werden zwangsweise aus ihren Wohnungen gezerrt, festgenommen und mit hohem Personalaufwand zum Flughafen gebracht. Es spielen sich nicht selten Dramen ab, die Einfluss auf den Gemütszustand aller Beteiligten haben.

Lucci tritt hinzu und hört zu, wie Peter, der Dichter, folgendes schildert: „Seit mehreren Jahren lebt eine Familie aus einem fernen Land in einem kleinen Ort in der Eifel. Das zwölfjährige Mädchen spricht sehr gut Deutsch und besucht ein Gymnasium. Der Bruder, acht Jahre, besucht die Grundschule. Die jahrelange Duldung ist mittlerweile verworfen, alle Gerichtsinstanzen durchwandert und die Abschiebung beschlossen.

Die Polizei erhält den Auftrag, die zuständige Ausländerbehörde zu unterstützen und die Familie bis zum Flughafen zu verbringen. Die Flüge sind gebucht, das Geld zahlt der Steuerzahler und ein nochmaliger Aufschub wird nicht geduldet.

Ca. sechs Polizisten und zwei Vertreter der Ausländerbehörde stehen vor dem Haus der Familie. Die Mutter öffnet, die Koffer sind tatsächlich gepackt, aber die zwölfjährige Tochter bittet um Aufschub der Abschiebung, da der achtjährige Junge in der Nacht weggelaufen ist. Dies ist mit an Sicherheit grenzender Wahrscheinlichkeit nur ein letztes verzweifeltes Täuschungsmanöver, das jedoch nicht aufgeht.

Ohne Rücksicht auf Verluste werden Vater, Mutter und Tochter mit fünf Koffern in den Bus gesetzt. Es hilft kein Weinen oder Flehen, die Familie wird gezwungen, ihren Jungen zurückzulassen. Damit hatten sie nicht gerechnet.

Gruppenführer der für die Abschiebung zuständigen Polizeigruppe ist Chris.

Er muss die Maßnahme durchführen, obwohl er dies in diesem Fall nicht will.

Er fordert die Beamten der Ausländerbehörde mit Nachdruck auf, doch noch ein paar Minuten zu warten, damit man den Jungen im Hause, wo er ihn vermutet, noch finden kann. Rigoros wird die Bitte abgelehnt. Die Tochter merkt schnell, dass da ein Polizist ist, der sich für ihre Familie einsetzt.

„Chris, bitte hilf uns", fleht sie ihn an.

„Es tut mir leid, wir müssen jetzt zum Flughafen fahren, Deinem Bruder wird schon nichts passieren, er kommt dann später nach", versucht er das Mädchen und sich selbst zu beruhigen.

Auf der Fahrt bis zum Flughafen hoffen alle, dass der Junge doch noch irgendwie Anschluss an seine Familie findet, leider vergeblich. Chris' Augen treffen sich immer wieder mit den Augen des verzweifelten Mädchens. Chris versucht, den Blicken auszuweichen, auch er versucht seine Tränen zu unterdrücken. Die Situation frisst ihn auf. Seine Kollegen lassen das einfach an sich abprallen, zumindest geben sie sich nach außen so. Sie unterstützen ihn nicht. Nicht jeder ist in der Lage, den unglaublich emotionalen Druck abzubauen.

Der Gefangenentransport erreicht den Flughafen in Frankfurt. Ein letztes Mal fleht das Mädchen:

„Chris, bitte hilf uns, mein kleiner Bruder, er gehört doch zu uns".

Chris schluckt, er will Stärke zeigen, kein Weichei sein, den harten Hund vortäuschen. Das Mädchen greift seine Hand, klammert sich fest, er muss sie loslassen, der Bundesgrenzschutz hat schon übernommen. Die Hand des Mädchens entgleitet ihm ganz langsam, dieses Bild hat sich tief in sein Bewusstsein eingeprägt.

Chris und seine Kollegen fahren zurück zu ihrer Dienststelle, sie verlieren kein Wort über das Erlebte. Feierabend, Chris fährt nach Hause, dort warten neue normale Alltagsprobleme. Chris verändert sich, die Freude an der Arbeit, an seinen Hobbys, alles geht verloren. Er verliert den Antrieb, will nur noch im Bett liegen, kein Fernsehen, keine Zeitung, keinen Kontakt. Die Krakenarme der Depression umschlingen ihn, sein Umfeld erkennt dies nicht. Chris steht sechs Monate vor der Ernennung zum Lebenszeitbeamten, sechs Monate vor seinem Traum, Polizist zu sein, sechs Monate vor seiner sozialen Absicherung.

Unkontrolliert springt er auf eine vierspurige Bundesstraße und setzt sich auf die Fahrbahn. Mit viel Glück können ihm die ersten Pkw ausweichen, zwei Lkw stellen sich geistesgegenwärtig quer und sichern ihn ab. Die Polizei, seine eigenen Kollegen, kommen ihn holen, kurze Zeit später verschwindet er für lange Zeit in einer Nervenklinik.

Obwohl die behandelnden Psychologen eindeutig erklären, dass das Drama der Abschiebung mit ursächlich für die Psychose ist und Chris glücklicherweise so genesen ist, dass die Rückfallwahrscheinlichkeit nicht höher als die eines gesunden Menschen ist, wird Chris aus dem Dienst entlassen.

Bittere Entscheidung: Dienstuntauglich für die Ausübung des Polizeiberufes. Abgeschoben wegen einer Abschiebung – unglaublich.

Letztlich ist er bei der Verwaltung untergekommen, hat sich hochgearbeitet, Abitur und Verwaltungsstudium mit gutem Abschluss bestanden, glücklich verheiratet und ist Vater dreier gesunder Kinder und versucht immer wieder, doch bei der Polizei unterzukommen, leider vergeblich."

Diese Sache geht mir nicht mehr aus dem Kopf, keiner weiß, ob die Familie wieder zusammen gefunden hat und ein Kollege hat seinen Traumberuf verloren, nur weil er im entscheidenden Augenblick auf sich allein gestellt war.

Seit einigen Jahren hat die Polizei soziale Ansprechpartner eingestellt. Sie kümmern sich um Kollegen, die durch dienstliche Ereignisse, Krankheiten und familiäre Probleme in eine Lebenskrise geraten sind oder betreuen sie im Vorfeld, um die Lebenskrise noch rechtzeitig zu verhindern. Eine gute und sinnvolle Einrichtung, die mittlerweile von vielen, beileibe nicht von allen, Kollegen akzeptiert und begrüßt wird.

Trauma

Hilfe annehmen hilft:

„Gerade die Einrichtung der sozialen Ansprechpartner und die gewachsene Sensibilität für posttraumatische Gefahren haben einem anderen Kollegen letztlich geholfen", lobt Jupp, der sich an dem Gespräch beteiligt, weil es jeden beschäftigt, und er weiß von folgender Geschichte:

„Karneval, alles feiert, als plötzlich ein Haus brennt. Zur Absicherung der Brandstelle werden alle verfügbaren Kollegen zusammengezogen. Ein Beamter sichert im Rahmen eines Karnevalsumzuges eine stark befahrene Bundesstraße ab, als er plötzlich, unweit seiner Position, schreiende Kinder hört. Ein Haus brennt und mehrere Menschen verbrennen oder stürzen zu Tode.

Der Kollege erahnt dieses Szenarium, das ihn an den Flugunfall vor vielen Jahren in Ramstein erinnert, bei dem, bedingt durch den Absturz eines Flugzeuges während einer Flugschau, viele Menschen ihr Leben verloren hatten. Auch dort war er im Einsatz. Schnell verdrängt er die Gedanken wieder.

Gaffer und übereifrige Reporter halten mitten auf der Straße, um Fotos zu fertigen. Wütend versucht er, die Fahrzeuge weiter zu schicken. Nach ca. drei Stunden wird er abgelöst. Er fährt nach Hause, schläft tief und fest ein, wird nach ein paar Stunden wach, um dann drei Tage nicht mehr schlafen zu können.

Er beginnt grundlos zu weinen. Auch er zeigt alle Anzeichen einer Depression.

Die Ehefrau erkennt das Problem und informiert die Vorgesetzten ihres Mannes. Die sofortige psychologische Betreuung setzt ein. Heute ist er wieder voll einsetzbar. Ursächlich war das über 20 Jahre ins tiefe Unterbewusstsein verdrängte Trauma, ausgelöst durch den Flugunfall."

Schade, auch Chris könnte heute wieder voll im Dienst sein, wenn seine Vorgesetzten und sein direktes Umfeld die Situation erkannt hätten und ihm später die Wiedereingliederung ermöglicht hätten.

Wie oft habe ich „Scheißbullen" gedacht, wie oft habe ich auf die Polizei geschimpft. Heute sehe ich das ganz anders. Ich werde versuchen, dieses zum Teil völlig falsche Weltbild in meinem kleinen Umfeld zu korrigieren. Immer wissend, dass es auch bei der Polizei einzelne schwarze Schafe gibt. Die Bevölkerung darf sich aber nicht dazu hinreißen lassen, die Fehler einzelner zu verallgemeinern.

Blockadehaltung

Andere Blickwinkel auf Wahrheiten:

Der Dienst verläuft ausgesprochen ruhig. Michael, unser Sänger, setzt sich zu uns an den Tisch:

„Der freie Journalismus und die Pressefreiheit als solches sind ein wichtiger Eckpfeiler in einer demokratischen Gesellschaft. Aber auch hier gibt es schwarze Schafe, die mit unlauteren betrügerischen Mitteln Meinungsbildung betreiben.

Ende der 70er, Beginn der 80er Jahre kam es des Öfteren zu Blockaden von militärischen Flughäfen der Amerikaner in Rheinland-Pfalz.

In diesem Zusammenhang wurden Demonstranten aller Altersklassen, jeglichen Geschlechtes, die ihre Haltung in friedlichen Sitzblockaden zum Ausdruck bringen wollten, kurzfristig festgenommen, in Polizeibusse verbracht und friedlich und kostenfrei zu einem anderen Ort chauffiert. Dort stiegen sie aus dem Bus und gingen ihrer Wege. Im Bus fuhren nur maximal zwei Polizeibeamte als Begleitung mit, da auch das Verhältnis Polizist / Demonstrant nicht im entferntesten Anlass zur Sorge bereitete.

Mit einem Male, mitten auf der Autobahn, wie auf Knopfdruck, fingen ca. fünf Personen lautstark an zu gestikulieren. Sie schrien Parolen gegen die Amerikaner und deren Aufrüstung. Ein Pkw überholte den Bus und bremste diesen auf der Autobahn aus. Der Busfahrer öffnete auf Drängen die Türe, aus dem Pkw sprangen mit Kameras und Fotoapparaten bewaffnete Personen, filmten den „Aufstand" und fuhren so schnell, wie sie gekommen waren auch wieder davon. Das inszenierte Spektakel dauerte ca. drei Minuten. Die fünf Personen stiegen wieder ein, verhielten sich wieder vollkommen normal.

Später berichtet der freie Journalist von unfriedlichen gewalttätigen Auseinandersetzungen im Rahmen der Demonstration, von Gewaltexzessen in einem Polizeibus, der hilflos mitten auf der Autobahn anhalten musste und präsentiert zum Beweis Bilder, die zufällig vor Ort gemacht werden konnten.

Die Vielseitigkeit des Polizeiberufes ist nicht immer angenehm, so reizvoll der Beruf auch ist, er belastet seelisch und körperlich. Die Phrase – Polizei ist nicht nur schön, sondern auch Ländersache – ist zweischneidig, da könnte ich Euch noch so manch ein Liedchen singen."

Der Dienst endet so ruhig, wie er begonnen hat, der ganze Block sollte bis auf die alltäglichen Begebenheiten ohne größeren Stress enden. Gut so, Zeit gewonnen, Zeit für die endlosen Schreibarbeiten und auch Zeit, einfach mal miteinander in Ruhe zu reden.

Ich fühle mich platt, fast zu platt, um mich ans Steuer zu setzen und nach Hause zu meinem Bett zu fahren. Rein ins Auto, alle Fenster auf, den Pkw mit Sauerstoff durchfluten und nochmal voll konzentrieren.

Das Telefon klingelt, ich war wohl eingeschlafen, orientierungslos taste ich um mich.

„Ja, bitte", hauche ich in den Hörer.

„Komm Brauni, ich kann heute einfach keine Ruhe finden. Lass mich in unserer Stammkneipe nicht alleine absacken oder hab ich Dich geweckt?"

„Nein, ich war nur kurz eingenickt, bin gleich da."

Obwohl ich eigentlich dringend eine Mütze Schlaf brauche, so entscheide ich mich dennoch, mit Lucci noch ein wenig zu plaudern. Ungezwungen sich die Seele frei reden. Mir war bis heute nicht klar, wie wichtig das sein kann.

Lucci sitzt an der Theke, irgendwie wirkt er nachdenklich. Ich habe das Gefühl, dass es heute länger wird. Heute fungiere ich wohl als Thekenseelsorge. Ob ich wohl dafür geeignet bin, ich lass es einfach auf mich zukommen, ein kleines Psychologiepraktikum habe ich ja als polizeilicher Seiteneinsteiger, wenn ich mal das Buch mit seinen Seiten vor Augen habe, bereits hinter mich gebracht.

„Mein lieber Braun", beginnt Lucci und holt tief Luft, er scheint sehnsüchtig gewartet zu haben und legt auch gleich los, „die Polizei hat viele Feinde. Von allen Seiten stürzen sie auf Dich als Polizist ein, Viren, gegen die man sich nicht impfen lassen kann, Krankheitserreger, die es auf Deine Psyche abgesehen haben. Waffen, die man nicht sehen kann, deren Wirkung man erst Tage, Wochen sogar Jahre später erst bemerkt.

Aber ein Feind ist besonders gefährlich und kann Dich final erledigen. Er hat sich in Dein Nest gesetzt, er ist einer von uns, von Neid und Missgunst getrieben, karrieresüchtig, ein Junkie, der wie ein Dealer andere in seine Abhängigkeit treibt, der andere für seine Zwecke gefügig macht. Mobbing fängt oft banal an und ufert dann plötzlich aus, weil keiner mehr zurück kann oder will. Machthungrig gehen manche Kollegen über Leichen. Ich habe das am eigenen Leibe erleben müssen."

Anzeige wegen Strafvollstreckungsvereitelung

Kleine Ursache und große Wirkungen:

„Ich hatte Nachtdienst und war Dienstgruppenleiter auf einer großen Stadtinspektion. Dienstbeginn 20:00 Uhr, wie immer löste ich ca. 15 Minuten vor Dienstbeginn ab. Es gibt sogenannte Dunkelschichten, das sind die Dienstgruppen, die man aufgrund der Schichtfolge nie zu Gesicht bekommt.

Die Dienstgruppe, die wir heute ablösten, war unsere Sonnenschicht, weil wir sie sehr oft zu Gesicht bekamen und auch zu allen ein sehr kollegiales Verhältnis pflegten.

Der Dienstgruppenleiter wirkte gestresst. Ursächlich war eine dunkelhäutige sehr gut aussehende Frau, die im Wachbereich saß und ein Kleinkind stillte. Leider musste die Frau festgehalten werden, weil gegen sie, natürlich nicht für das Kind, ein Geldhaftbefehl über 180,- Euro vorlag. Sie hatte einen Ladendiebstahl begangen.

Nun war keiner gewillt oder in der Lage, das Baby ohne Mutter aufzunehmen. Die Vorschriften erlauben eindeutig keine Unterbringung eines Babys im Polizeigewahrsam. Die Justizvollzugsanstalt machte auch keine Anstalten, in dieser Sache zu helfen, und das Kinderheim verweigerte nachvollziehbar die Aufnahme des Kleinkindes.

Der für den Haftbefehl zuständige Staatsanwalt kam aus einem anderen Bundesland und sah sich nicht entscheidungsbefugt.

Die im Dienst befindlichen Kollegen überlegten ernsthaft, für die Frau, vor allem wegen des Kindes, zu sammeln.

Ich schickte die Kollegen in den wohlverdienten Feierabend und versprach, mich um die Sache zu kümmern.

Eine goldfarbene Halskette schmückte das Dekolleté der Frau und mir kam der Gedanke, dass ich einen mächtigen Hals hatte, weil wir die Frau an die Kette legen mussten. Kind und Mutter zu trennen und das wegen gerade einmal mal 180,- Euro, das widerstrebte mir. Ich zweifelte ernsthaft an der Rechtmäßigkeit, diese Maßnahme mit Zwang durchzuziehen. Meine Blicke schweiften erneut über die Halskette und plötzlich hatte ich eine Idee.

Das Gesetz kennt das Instrument der Sicherheitsleistung, die Freilassung gegen Sicherheit, damit kann man im Zusammenhang mit einer Straftat im Vorfeld einer Gerichtsverhandlung unter bestimmten Voraussetzungen eine Sicherheit, im Normalfall Bargeld, vom Täter einbehalten. Damit erspart sich der Täter eine mögliche Haft, und die Justiz erhält die Sicherheit, den Täter seiner gerechten Strafe zuführen zu können.

Auf unsere junge Mutter mit Baby traf das nur bedingt zu, weil der Richter bereits die Strafe ausgesprochen hat und nun die Vollstreckung durch den Haftbefehl zwingend zu sichern war. Dennoch schlug ich eine analoge Anwendung dieses Paragraphen im Rahmen der Menschlichkeit vor.

Tatsächlich besaß die Frau neben der Halskette als weiteres Pfand auch eine teure, noch frisch verpackte Sonnenbrille mit Kaufbeleg. Das könnte doch als Sicherheit reichen.

Ich hatte Glück, der für unsere Stadt zuständige Bereitschaftsstaatsanwalt entschied, sich dieser nicht alltäglichen Vorgehensweise anzuschließen.

Frau und Kind wurden entlassen und seit diesem Tage nie mehr gesehen.

Auf der Wache lagen Halskette und Brille, die ich zusammen mit einem Kollegen in der Stadt für einen Betrag von 120,- Euro einlösen konnte.

Alle waren zufrieden, nur ein Kollege in der Dienstgruppe, der mit seiner Beurteilung nicht zufrieden war, zeigte mich nach zwei Jahren wegen Strafvollstreckungsvereitelung an. Wenn dies nicht schon schlimm genug gewesen wäre, nein, der für meinen Fall zuständige Staatsanwalt bastelte mit allen Mitteln an meiner Verurteilung."

„Mensch Lucci, was für ein Antikollege, zwei Jahre abwarten und dann so eine Geschichte auspacken", urteile ich sofort. „Wie kamst Du denn da raus?"

„Dank der Mithilfe vieler Kollegen, vor allem der Kollegen aus der Sonnenschicht, gelang es mir, die Akten auf der Dienststelle aus dem verstaubten Keller zu holen. Damit stapfte ich stinksauer zum Amtsgericht und drohte dem eifrigen Staatsanwalt mit einer Anzeige, wenn er nicht sofort gegen seinen Kollegen, den Staatsanwalt, der letztlich die Sicherstellung von Brille und Kette anordnete, ermittelt.

Zwei Tage später war das Verfahren gegen mich eingestellt.

Ich selbst wurde für die Dauer des Verfahrens aus der Schusslinie geholt und in den Innendienst versetzt, trotz erwiesener Unschuld wurde ich erst zwei Jahre später befördert. Dienstgruppenleiter wollte ich nie mehr sein.

Naja und jetzt mache ich eben Dienst in der Sonnenschicht, die mich mit offenen Armen aufgenommen hat."

„Bitte noch zwei Bier." Irgendwie finde ich jetzt nicht mehr die passenden Worte für Lucci und lenke mit der Bestellung einfach ab. Wir haben dann nie mehr über den Vorfall gesprochen.

„Was willst Du mit zwei Bier? Herr Wirt, acht Bier bitte!", tönt es hinter uns.

Olaf, Peter, der Dichter, Jupp und die anderen der Dienstgruppe, sie hatten an dem Tag ein Seminar und enterten mit Getöse und vermeintlich unausgelastet unsere Stammkneipe. Ein trinkfreudiger und lustiger Abend mit überraschendem Ausgang ist eingeleitet.

Peter hat sein Gedichtheft dabei und dies sichert uns mindestens zwei Stunden Comedy.

„Wie Ihr alle wisst", beginnt er seine Vorstellung, „schreibe ich anhand Eurer Tatsachenberichte kleine wahre Gedichte."

Die Vorstellung beginnt.

Kapitel 8

Der letzte Storch

Tierschutz ist des Amtes Pflicht:

„Eine besorgte Frau beobachtete seit zwei Tagen einen Storch, der auf dem Mast des Wasserwerkes sitzt. Sie hat sich informiert und nun weiß sie, dass Störche schon lange auf der Flugreise in den Sonnenurlaub sind und der hier Gestrandete wohl den Start verpasst hat oder notlanden musste.

Ein Fachmann hat uns dann auf der Wache auf Nachfrage erklärt, dass dies kaum möglich sein kann. Ein Irrtum der Anruferin ist nicht auszuschließen, es könnte sich eher um einen Fischreiher handeln, was die Sachlage entscheidend ändern könnte, da Fischreiher nicht in Urlaub fliegen.

Bevor die Polizei also die Rettungsaktion startet, wurde vor Ort eruiert, um welchen Vogel es sich tatsächlich handelt.

Sollte es sich tatsächlich um einen Storch handeln, so wird der Naturschutzbund bzw. die Stadt in Form des Umweltamtes auf den Storch angesetzt.

Olaf und ich übernahmen die ornithologische Erkundungsstreife und konnten kein befriedigendes Ergebnis melden, der unbekannte Vogel war weitergeflogen.

Ich habe dann den Bericht in Gedichtform verfasst, was unser damaliger Inspektionsleiter wieder mal mit der Äußerung „die Polizei ist kein Karneval" kommentierte, was mich natürlich, um in der Vogelsprache zu bleiben, beflügelte.

„Polizei bitte kommen sie ganz schnell,
denn auf dem Mast sitzt ein gefiederter Gesell,
Wachtmeister bitte Horch,
es handelt sich um einen Storch."
Normalerweise fliegt der jetzt gen Süden,

es kommt schon mal vor, dass die Vögel ermüden.
Platt sitzt der jetzt auf einem Mast
und hat den Anschlussflug verpasst.

Rücksprache mit der Tierrettung hat ergeben,
ein Storch kann im Winter hier nicht leben.
Es kommt auch noch die Frage auf,
liegt Schnee auf einem Reiher drauf,
dann hat der Reiher, darauf sind wir gekommen,
die Gestalt eines Storches angenommen.
Ein Reiher wiederum hat kein Problem,
hier bei uns im Winter auf einem Mast zu stehn.
Eine Streife fährt spontan vor Ort
und meldet: „Der Storch ist fort."

Jupp, selbst ein Fan des kölschen Karneval, ist begeistert und will gerade acht Kölsch bestellen, als sich ein Gast zu uns gesellt.

„Was seid Ihr denn für eine lustige Truppe, darf ich mich mit einer Runde Bier einkaufen?"

„Kein Problem", erwidert Jupp, „wir sind Studenten und kreieren Gedichte, die sich an alltäglichen Szenerien in spezifiziertem beruflichem Umfeld orientieren. Heute ist der Beruf des Polizisten auf der Agenda."

Mein Gott, so habe ich Jupp noch nie schwafeln gehört, aber er wittert bei dieser Gelegenheit die Chance, dass der freundliche Herr vielleicht ein paar Runden ausgeben könnte.

Peter, unser Dichter, blättert in seinem Buch und wird uns nun ein weiteres tierisches Gedicht vortragen.

Ein letzter Gruß

Alles muss seine Ordnung haben:

„Leider kommt es immer wieder vor, dass in freier Wildbahn lebende Tiere von Pkw erfasst werden. Bei diesem ungleichen Kräfteverhältnis wird der Wildbestand nicht waidmannsgerecht dezimiert und darüber hinaus entsteht ein nicht zu verachtender volkswirtschaftlicher Schaden, nicht nur durch stark deformierte Pkw, sondern auch durch den Verbrauch an polizeilicher Munition. Zumindest was den Bestand der Munition betrifft, entsteht ein noch fast größerer Schaden, weil der Polizist, der das Tier mit einem Schuss erlöst, einen ausführlichen zeitintensiven Bericht fertigen muss, damit die Munition ohne Probleme ersetzt wird.

So wurde in einem Falle der Bericht in Gedichtform gefertigt und durchlief anstandslos alle Instanzen.

Es war einmal ein kleines Reh, dem Tat der Body schrecklich weh.

Ursächlich für diesen Fall war ein heftiger Zusammenprall,

mit einem Auto auf der Straße, mitten auf die kleine Nase.

Nun war es mal eben erst geboren, schon hat es sein Leben fast verloren.

Der Körper war zum Teil zerstört und wie das sich eben mal gehört, Tierschützer sind auch nicht empört,

haben die Kollegen das Tier erschossen, die Augen hat es dann verschlossen.

Niedergestreckt, ein letzter Gruß,

damit das Tier nicht leiden muss, erlegt mit ganz genau zwei Schuss.

Die fehlen jetzt im Schussbestand, so liegt es förmlich auf der Hand, dem Kollegen ohne Schwätzen, die zwei Schuss auch zu ersetzen.

Daher erfolgt der Schriftverkehr, zwei Patronen müssen her.

Um abzurunden dieses Bild, Olaf erschoss das verletzte Wild,

dem steht der Ersatz jetzt zu, dann hat die liebe Seele Ruh.

„Ich finde das sehr schön beschrieben, wie bei einem gut zubereitetem Rehrücken, fein gewürzt mit einem Hauch Wahrheit, einer Brise Humor und einem Schuss Sarkasmus", urteilt unser Gast und bestellt noch eine Runde für die armen Studenten.

„Peter, könntest Du bitte noch einmal Dein berühmtes Hornissengedicht vortragen. Ich finde, das ist Dir besonders gut gelungen. Wir sollten das unserem Gast und den neuen Studenten nicht vorenthalten", bittet Loreley.

„Dein Wunsch ist mir ein Befehl, damit hätten wir dann auch die Trilogie der tierischen Gedichte für heute Abend beendet."

Jagdgeschwader gegen Jäger eingesetzt

Manchmal trügt der Schein:

„Wenn die Polizei zu einer Unfallstelle kommt, dann werden die Beamten mit den fadenscheinigsten und verrücktesten Erklärungen abgespeist. Manche sind lustig, andere einfach nur provozierend und völlig unglaubwürdig, aber doch letztlich wahr.

Es wurde ein Unfall mit einem alkoholisierten männlichen Fahrer gemeldet, der mit seinem Pkw in den Straßengraben geraten war und völlig benommen wirres Zeug faselte.

Als die Streifenbesatzung vor Ort angekommen war, bestätigten sich die Angaben. Kreidebleich und mit schwerer Zunge lallte der Fahrer irgendetwas vom Angriff eines Jagdgeschwaders und Einsatz von chemischen Kampfstoffen.

Der Mann lag alleine in seinem Pkw, so gab es auch keinen Zeugen, der seine Angaben hätte bestätigen können. Eins war klar, der Mann roch nicht nach Alkohol und hatte auch keine geröteten Augen und war vermutlich Jäger. Darauf ließ seine Kleidung schließen.

Mittlerweile war der Rettungsdienst eingetroffen, die Rettungsmannschaft stellte dann sehr schnell fest, dass der Mann einen allergischen Schock durch einen Insektenstich erlitten hatte. Nach einer Infusion lallte er verständlicher und der Geschehensablauf wurde klar.

Der Jäger hatte auf seinem Hochsitz ein Hornissenhaus mit einem Stock zerstören wollen. Dies zum Unmut der Tiere, die ihn dann stachen. Er flüchtete sich in seinen Pkw, die Stiche zeigten Wirkung, und er fuhr mit seinem Pkw auf der Flucht in den Graben.

Dies zeigt, auch die unwahrscheinlichste Geschichte kann wahr sein und neben Alkohol und Drogen gibt es noch andere Mittel, die das äußere und innere Erscheinungsbild eines Menschen massiv beeinflussen können.

Waidmannsheil und horrido, zur Jagd zu gehen macht ihn froh.
den Jäger, der zügig geht, zum Hochsitz, der im Wald dort steht.

Doch der Hochsitz ist besetzt, was den Jäger tief entsetzt.
Hornissen, diese Mietnomaden, wollen seinem Jagdtrieb schaden.

Eine Räumungsklage einzureichen, damit die Hornissen schnell entweichen,
nein, das kommt hier nicht in Frage, ein Stock muss her – gegen die Insekten-
plage.

Der Jäger schlägt oh graus auf das schöne Hornissenhaus.
Das geht nicht gut, denn im Hause kocht die Wut.

Eine Hornisse aus dem Jagdgeschwader sticht dem Jäger in die Ader.

Dies hat der Jäger nicht vertragen, schnell war er in die Flucht geschlagen.

Mit Mühe in den Pkw entkommen, Geist und Körper schwer benommen, von der
Fahrbahn abgekommen im Krankenhaus jetzt aufgenommen.

Statt zu schießen einen Bock, erlitt er einen allergischen Schock.
Und die Moral von der Geschicht,
reize eine Hornisse nicht, da sie ansonsten heftig sticht.

Es war mittlerweile spät geworden.

„Leute, Feierabend, ein paar Stunden Schlaf trennen uns noch vom Frühdienst morgen früh, lasst uns zahlen", mahnt Lucci.

Die nicht geplanten Events sind meist die Schönsten und zu unserer großen Freude meldet sich noch unser Gast zu Wort:

„Ich weiß, dass ihr Studenten nicht gut bei Kasse seid. Daher ist es mir
eine Ehre, Euch für diesen schönen Abend einzuladen und die Zeche zu
übernehmen."

Allgemein erwächst kein großer Widerstand gegen diese Offerte, und wir
danken dem spendablen Unbekannten. Die Rechnung beträgt immerhin
über 120 Euro. Wir verabschieden uns artig und wünschen ihm alles Gute.

Mit einem Taxi fahren Lucci und ich nach Hause. Lucci übernimmt die Rechnung, da ich als erster aussteige und er noch ein paar Straßen weiter-fährt.

Mein Blick fällt auf die Uhr, 01:00 Uhr, um 05:00 Uhr ist die Nacht zu Ende. Um 05.45 Uhr müssen wir den Nachtdienst ablösen. Ich entschließe mich, keine Zähne zu putzen, dadurch kann ich ca. fünf Minuten gewin-nen.

Wieder liege ich im Bett, meine Gedanken kreisen noch um Lucci, rund um die Dienstgruppe und den hohen Wohlfühlfaktor in diesem, von Ka-meradschaft geprägten, Team.

Kapitel 9

Frühdienst mit Überraschungen

Immer wieder ist es die Lebenserfahrung, in der Kombination mit einer praktischen Lösung für Probleme und einer großen Portion Humor, die krisenentschärfend wirken kann:

Lautes Klingeln stört meine Träume. Obwohl ich es nicht fassen kann: 05:00 Uhr, Zeit zum Aufstehen.

Soll ich mich jetzt noch mal umdrehen, mir noch ein paar Minuten gönnen? Nein, zu gefährlich, ich könnte verschlafen und dann vielleicht was verpassen.

Ich stehe auf, mache mich fertig, obwohl ich eigentlich fix und fertig bin, und fahre zum Dienst, wo eine höchst peinliche Überraschung auf mich warten sollte.

Zechpreller unter sich

Das kann man sich gar nicht ausdenken:

Alle sind schon da, unglaublich, das spricht für eine gesunde Dienstauffassung. Die einen diskutieren, die anderen lachen.

„Nein, das mache ich heute nicht!", wehrt sich Olaf.

„Lass das doch den Peter machen oder Jupp, mach es doch selbst."

Die Zeitungen liegen noch unberührt auf dem Tisch, ein Einsatz steht nicht an und dennoch liegt Dynamit in der Luft.

„Dann warten wir eben auf den Tagesdienst. Die kennen den nicht und vor allem, er kennt die nicht", versucht sich Jupp an einem Lösungsansatz.

„Wir sollten auf jeden Fall Geld einsammeln und zahlen", schlägt Lucci vor.

Ich schiebe Lucci zur Seite und bitte um eine Erklärung für die morgendliche Aufregung.

„Die kann ich Dir geben, wir haben einen Zechpreller im Gewahrsam, was im Grunde nichts Schlimmes ist. Ich bin dann runter, um nachzusehen, ob es dem Mann auch gut geht. Er schlief. Ich erkannte ihn durch den Spion sofort."

Ich ahne, was passiert ist. Unser spendabler Gast vom Abend konnte die Rechnung, unsere Rechnung, nicht zahlen und wurde festgenommen. Jetzt wollte keiner den Gewahrsam übernehmen.

Jupp telefoniert aufgeregt. Er hatte den Wirt von unserer Stammkneipe aus seinem Schlaf gerissen.

„Wieso hast Du mich denn nicht angerufen, ich hätte die Rechnung doch bezahlt. Jetzt haben wir hier eine beschissene Situation. Wie hoch ist denn die Rechnung?" Nach kurzer Pause… „160 Euro, was, der hat noch gegessen und Sekt getrunken? Ich glaub's nicht. Egal, ich übernehme die Rechnung!"

Jupp legt auf, holt tief Luft, sein Kopf ist dunkelrot. Er ringt nach Fassung und Luft. So kenne ich ihn gar nicht, normalerweise ist er die Ruhe selbst.

Wir schauen uns alle an und dann fängt Jupp an zu lachen und alle lachen mit.

„Brauni, zieh Deine Polizeistoffmütze an, zieh sie tief in die Stirn. Dann gehst Du runter und lässt den Mann laufen. Die Rechnung ist bezahlt. Übrigens kriege ich noch von jedem von Euch 20 Euro."

Fremder Ehemann

Manches bleibt im Dunkeln und muss stehen gelassen werden:

Eine Tasse Kaffee und eineinhalb Brötchen später klingelt der Notruf, Jupp nimmt einen Einsatz entgegen.

„Fahrt mal in unser Klein-Istanbul, dort steht eine Frau nur mit dem Nachthemd bekleidet auf der Straße, Lucci und Brauni, übernehmt das mal!"

Lucci schüttelt noch immer den Kopf über den Zechpreller.

„Hat er Dich erkannt?" fragt er nach.

Ich verneine und erkläre, dass ich die Mütze bis zur Nase runtergezogen hatte.

Der Typ hat mich auch verwundert gemustert, aber nicht nachgehakt.

Es passieren schon seltsame Dinge bei der Polizei, manchmal auch gehäuft, denn der nun bevorstehende Einsatz wirft auch viele Fragen auf und verursacht nicht minder Kopfschütteln.

Schnell erreichen wir den Einsatzort, eine junge, südländisch aussehende Frau steht bei einstelligen Temperaturen barfuß, nur mit einem dünnen durchsichtigen Nachthemd bekleidet, auf der Straße. Sie ist außer sich und weint herzzerschmelzend.

Lucci, der alte Gentlemen, zieht seine Jacke aus und legt sie über die Schulter der zitternden Frau.

„Was ist passiert?", fragt er nach.

„Ich habe vor sechs Wochen meinen Mann geheiratet, nicht standesamtlich, nur kirchlich. Jetzt hat er mich aus dem Haus geworfen, die Türe abgeschlossen und ist weggegangen. Ich weiß aber nur seinen Vor- und Nachnamen."

Verwundert hakt Lucci nach: „Ist Ihr Ehemann denn hier gemeldet?"

„Nein, nur ich, er wollte sich jetzt anmelden", erklärt die Frau.

„Sie wollen mir doch nicht allen Ernstes weiß machen, dass Sie einen Mann geheiratet haben, von dem Sie außer Vor- und Nachnamen nichts wissen. Weder Geburtsdatum, noch ehemalige Wohnanschrift, ob er ein Auto fährt, ob er Verwandte hat und was noch?", verzweifelt Lucci.

„Doch", lautet die kurze Antwort.

„Hat er Sie geschlagen oder Ihnen sonst etwas angetan?" sucht Lucci wieder den roten Faden.

„Nein."

Das ist Lucci zu viel. Er dreht sich um, greift nach seiner Jacke, die die Frau noch über der Schulter trägt und packt sie am Arm. Wortlos zieht er sie zum Haus, Gaffer hängen fast an jedem Fenster. Lucci brüllt:" Aufmachen, Polizei!"

Die Tür geht auf, irgendein Gaffer hat wohl geöffnet, und Lucci schiebt die Frau in den Hausflur.

„So, Brauni, wir fahren, Einsatzende"

„Die Personalien der Frau hat Jupp auf der Wache notiert, den anderen Quatsch kann ich mir nicht mehr anhören."

Lucci schließt mit diesem Einsatz ab und schreibt seinen Bericht an die Kripo.

In diesem Falle scheint nicht ein Heiligenschein über dieser angeblich kirchlichen Heirat zu strahlen, sondern eher der dunkle Schatten einer Scheinheirat, die nicht von kirchlichen Motiven, sondern von rein staatlichen Aufenthaltsinteressen geleitet wird.

Peter unser Dichter findet seine ganz eigenen Worte:

Da steht sie nun im Negligee
der Mann ist weg, der Kopf tut weh.
Geheiratet nur in Gottes Namen,
getraut mit heiligem Wort,
jetzt ist er fort.
Unerkannt und ohne Ziel,
fort aus ihrem Domizil,
Vor- und Nachnamen kennt sie noch,
der Rest ist ein großes schwarzes Loch.
Und die Moral von der Geschicht`
Die gibt es nicht.

Neiddiskussionen

Die unliebsamen Entscheidungszwänge:

Heute Morgen ist die Stimmung auf der Dienststelle etwas getrübt.
„Was ist los Jupp?" frage ich besorgt.

„Ach was, immer dasselbe, die Beurteilungen für die Beförderungen im nächsten Jahr sollen geschrieben werden, ein jeder will ja eine gute Beurteilung haben, ich auch. Es besteht halt eben die Gefahr, dass sich auch innerhalb der Dienstgruppe Konkurrenten erkennen und das führt zur Nachdenklichkeit und zu Neid zur schönen friedvollen Weihnachtszeit."

Jupp erzählt: „Ich habe, wenn auch spät, mein für mich realistisches End-Amt, also den höchsten für mich erreichbaren Dienstgrad, erreicht. Dieses End-Amt macht nicht nur frei, sondern führt hier und dort zu Neidanfällen. Aber mein lieber Brauni, Neid ist die höchste Form der Anerkennung, Neid muss man sich erarbeiten, so ärgere ich mich nicht, sondern genieße."

„Was redest Du da schon wieder, Jupp?" bellt der getroffene Hund Olaf, „unser Jupp braucht sich ja wegen der Beurteilung und der damit verbundenen „Nichtbeförderung" keine Gedanken zu machen."

„Nein brauche ich auch nicht, ich kann Euch aber erklären, wie das geht", grinst Jupp und belichtet das Thema Leistungsbeurteilung mit einem Gleichnis, welches er einer Gewerkschaftszeitung entnommen hat.

Er holt tief Luft und wird mit einem Male ernst, ja philosophisch:

„Stellt Euch mal vor, Ihr seid auf einem Bauernhof, denn da gibt es ja auch Leistungsmessung und -beurteilung. Dort lebt eine Bäuerin mit drei Hühnern, die legten ihre Eier immer in das gleiche, gemeinsame Nest.

Leider waren aber jeden Tag nur zwei Eier zu finden.

Die Bäuerin entschloss sich, die Sache zu beobachten. Das Resultat war eindeutig:

Zwei Hühner kamen immer laut gackernd vom Nest, das dritte,

immer dasselbe, schlich sich leise davon.

Der nötige Entschluss war schnell gefasst und das stille,

bescheidene Huhn landete im Suppentopf.
Am nächsten Tag aber kam die Überraschung:
Die Bäuerin fand nur noch ein Ei im Nest!

Aus dieser Geschichte kann nun folgender Schluss gezogen werden:

Manche gackern, obwohl sie keine Leistung vollbringen oder aber, Leistung zu erbringen, ohne zu gackern, kann lebensgefährlich sein!
Also: zur Sicherheit immer gackern!"

Jupp betrachtet eher verträumt den Adventskranz: „Seht Ihr die Kerzen auf dem Adventskranz. Ich trage Euch jetzt mal ein Gedicht vor, welches ein Kollege vor Jahren geschrieben hat und das die Vorweihnachtszeit aus dem Blickwinkel des Beförderungsstresses beschreibt.

Jedes Jahr zur gleichen Zeit,
ist es wieder mal soweit.
Es werden die Weichen jetzt gestellt,
es geht hier nicht ums Weihnachtsgeld.
Wer ist mit der Beförderung dran im Mai,
ich bin doch sicher auch dabei.
Und so kommt wie`s kommen muss,
Vorweihnachtszeit bringt nur Verdruss.
Wenn die Adventskranzkerzen brennen,
fangen viele an zu flennen.
Wenn das erste Lichtlein brennt,
jeder schnell zum Chef hinrennt,
um dort heimlich auszuloten,
vielleicht um andere auszubooten.
Den meisten wird es nicht gelingen,
dem Chef eine Zusage abzuringen.

Wenn dann das zweite Lichtlein fackelt,
wird wieder mal zum Chef gedackelt,
„Ach Chef, ich bin ne arme Sau,
verlassen hat mich meine Frau,

Ich muss den Unterhalt jetzt zahlen,
erlöse mich von meinen Qualen"
Der Chef bleibt hart uns sagt dezent,
wir sehen uns sicher wieder,
am dritten Advent.

Jetzt brennen schon der Kerzen drei,
der Chef hat diese Woche frei.

Die Weihnachtszeit steht vor der Tür,
jetzt brennt schon das Lichtlein Nummer vier.
„Chef, Du weißt doch, was ich kann,
ich mach Dir auch den Weihnachtsmann."
Der Chef erwidert jetzt mit Recht,
„Naja, im Grunde bist Du ja nicht schlecht,
aber übernimm Du die Rolle vom bösen Knecht,
die wird Dir sicher mehr gerecht.

Und die Moral von der Geschicht`
Beförderung lohnt sich nur dann,
wenn man sie auch kriegen kann,
wenn sie einem bleibt verwehrt,
sie stark an der Gesundheit zehrt.
Nun kommt bald das neue Jahr,
die Besuche beim Chef jetzt eher rar.
Ab Dezember wird wieder gehetzt,
zum Teil durch Mobbing schwer verletzt,
ein guter Chef dies gar nicht schätzt,
die Messer sind schon längst gewetzt.

Motorrad ohne Beiwagen

Der Mensch ist ein Gewohnheitstier:

Das Telefon klingelt und reißt Jupp aus seiner Poesie. „Hallo Herr Richter, was machen Ihre Freilandhühner?", lacht Jupp ins Telefon. „Kein Problem, ich schicke den jungen Kollegen raus, dann können Sie ihm wieder eine Scherzfrage stellen."

Lucci und ich fahren raus, ein Kradfahrer soll auf der Kreuzung umgestürzt sein, berichtet der mir bereits bekannte Richter Freiland, der mit den Freilandhühnern.

Vor Ort angekommen, steht der Kradfahrer schon wieder am Straßenrand und alle lachen.

„Da scheint ja alles noch mal gut gegangen zu sein", meint Lucci.

„Na Schutzmann, haben Sie schon eine Antwort auf meine Frage bezüglich der Freilandhühner", frotzelt der Richter.

„Ich habe die Anfrage ans Ministerium weitergeleitet und die haben bereits eine Arbeitsgruppe einberufen", antworte ich.

„Was ist denn hier eigentlich passiert?", versuche ich den dienstlichen Faden wieder aufzugreifen.

„Wissen Sie Herr Wachtmeister", schaltet sich der Motorradfahrer ein, „passiert ist nichts, aber wenn Dummheit bestraft werden sollte, dann liegt jetzt wohl so ein Fall vor."

„Dummheit oder Unaufmerksamkeit sind Teil der menschlichen Unzulänglichkeit und werden nur in bestimmten Fällen mit einer Geldstrafe geahndet", gebe ich zum Besten, obwohl das wohl im Moment gar nicht die beste Antwort war.

„Also, was ist denn jetzt tatsächlich passiert?", ergänzt Lucci.

Lächelnd aber doch beschämt erklärt der Motorradfahrer:

„Ich komme gerade von der Werkstatt, ich fahre nämlich normalerweise das Motorrad mit einem Beiwagen. Diesen Beiwagen habe ich in der Werkstatt zur Lackierung abmontiert und stehen lassen. Hier an der Ampel musste ich, weil sie doch auf Rot umgeschaltet hatte, anhalten. Das habe ich ja auch gemacht, ich habe abgebremst dann meine Füße auf den Tritten belassen. Leider hatte ich vergessen, dass der Beiwagen abmontiert war. Chancenlos kippte ich auf die Straße und blieb auch liegen, nicht weil ich verletzt war, sondern weil ich mich zunächst einfach nur schämte und völlig unsinnigerweise hoffte, dass das keiner gesehen hat. Aber um mich rum standen ja lauter Pkw und Fußgänger, alle haben das gesehen. Nur dem netten Herrn Freiland habe ich den wahren Grund meines Sturzes gebeichtet."

Lucci betrachtet die Sache als erledigt, und wir wollen uns gerade verabschieden, als der hinterhältige Richter Freiland mich erneut anspricht.

„Herr Braun, so war doch Ihr Name, ich hätte da noch eine Frage, die sich mehr mit dem Straßenverkehr und den technischen Möglichkeiten befasst. Vielleicht könnten Sie mir da auch helfen oder sogar wieder eine Arbeitsgruppe über eine ministerielle Anfrage einberufen lassen.

Darf ich in einem Schaltjahr Automatik fahren?"

Als alle lachen, lache ich natürlich mit, und wir fahren zurück zur Wache.

„Der Richter ist schon verrückt", resümiert Lucci, „mich hat er mal gefragt, was ist ein Reiter ohne Pferd?"
Ich überlege und weiß natürlich keine vernünftige Antwort.
„Ein Sattelschlepper", grinst Lucci.

Notruf nach Notdurft

Gut, dass es den Notruf gibt:

Als wir gut gelaunt zurück zur Dienststelle kommen, sehen wir Jupp, der sich grölend seinen dicken Bauch hält: „Mich laust der Affe."

„Hast Du schon von dem Unfall mit dem Beiwagen gehört?" frage ich.

„Nein, aber ich habe gerade einem Menschen aus einer beschissenen Situation geholfen und das könnt ihr wörtlich nehmen, ich nenne das den Toilettenfall.

Mich rief eben über Notruf ein Mann an und bat mich höflich um polizeiliche Hilfe."

„Sie werden jetzt denken, dass ich Sie zum Affen machen will, nein, beileibe nicht.

Ich bin nach einer Hüftoperation noch an einen Rollstuhl gebunden. Vor langer Zeit hat mich die Nachtschwester auf die Toilette geschoben und mich dann wohl vergessen. Könnten Sie im Krankenhaus, Station 4 A anrufen und der Nachtschwester mitteilen, dass ich jetzt fertig wäre, und sie dürfte mich jetzt wieder von der Schüssel heben und ins Krankenzimmer fahren.

Ich war nicht sicher, ob ich da verarscht werde, habe aber dennoch im Krankenhaus angerufen. Die Krankenschwester erschrak hinsichtlich ihrer Vergesslichkeit und befreite den Mann aus seiner misslichen Situation."

Darf ich Sie, lieber Leser, nochmals kurz stören?

Dieses Buch ist eine Hommage an den Beruf des Polizeibeamten. Wenn es mir gelungen sein sollte, Sie mit dem Buch zu fesseln, Sie neugierig zu machen, wenn Sie jetzt denken, dass Sie vielleicht gerne Polizist geworden wären, wenn Sie vielleicht Polizist sind und Ihren Beruf vielleicht wieder neu entdeckt haben, dann bin ich nah an meinem Ziel angekommen.

Stellen Sie sich doch einfach wieder vor, Sie haben gerade schichtfrei, Sie lesen in der Zeitung, vielleicht jetzt mit viel mehr Aufmerksamkeit, über Polizisten im

Straßenkampf, verletzte und getötete Polizeibeamte, stressbedingte Erkrankungen durch Schichtdienst, von Polizisten, die immer wieder in den kaum vermeidbaren Sumpf der Gesellschaft abtauchen müssen. Auch das gehört zum Polizeiberuf, aber auch nur von diesen Extremen werden die Medien berichten wollen. Dieses Buch soll Sie aber auch in den Alltag des Schutzmannes führen, der von Kameradschaft und Teamgeist geprägt ist, ein Beruf, der innerhalb der Gesellschaft noch immer einen hohen Stellenwert einnimmt. Ein Beruf, der für viele Berufung ist, sich für eine bessere Gesellschaft einzubringen, der aber auch schwarze Schafe in seiner Herde mit groß ziehen muss, die es leider auch gibt.

Morgen ist wieder Schicht, lieber Leser, Sie sollten vorschlafen.

Kapitel 10

Gerichtstermine

Störung, Störung, Störung. Jede ist anders und jede ist wahr:

Lucci kommt heute etwas später, er hat einen Gerichtstermin. Zum Gericht müssen wir immer mal wieder, dafür werden wir in Seminaren gezielt geschult. Dennoch ist jeder Termin individuell und eigen, manchmal entwickelt der Verlauf einer solchen Verhandlung auch eine Eigendynamik und so kommt es immer wieder zu völlig kuriosen Terminen mit überraschenden Ausgängen.

Lucci kommt grinsend vom Gericht zurück und schwärmt: „Oftmals umschleicht einen als Polizeibeamter und auch den Bürger das Gefühl, Justiz bzw. Richter wären einer „Sozialromantik verfallen" und hätten den Blick für klare Urteile und Sprache verloren. Dass dies nicht immer so ist oder war, zeigt das heutige Urteil unseres Lieblingsrichters beim Amtsgericht. Ja, der hatte heute wieder den Vorsitz und das absolut zum gerechten Nachteil des Angeklagten. Dieses Urteil ist nicht nur weise und vorausschauend, sondern auch konsequent und gewissenhaft. Ich versuche Euch mal sinngemäß den Wortlaut rüber zu bringen.

Dass eine Strafaussetzung zur Bewährung gem. § 56 StPO nicht mehr in Betracht kommt, ergibt sich aus dem Vorstehenden.

Die Sozialprognose ist mit seltener Eindeutigkeit negativ. Der Angeklagte bestreitet grundsätzlich alles, nur nicht seinen eigenen Lebensunterhalt.

Wie der vorliegende Fall wiederum deutlich zeigt, geht er nichts aus dem Wege, außer einer geregelten Arbeit. Er hat demnächst eine 18-monatige Haftstrafe zu verbüßen, wobei ein verlängerter Aufenthalt in der Justizvollzugsanstalt aufgrund vorliegender Sache für einen Großteil seiner Mitmenschen eine wohltuende Wirkung hat.

Ja und wortlos verließ der Angeklagte, ein Dauerbrenner im Bereich aller Delikte, die Mein und Dein betreffen, den Gerichtssaal und schlich zusammen mit den johlenden Justizbeamten direkt zur Justizvollzugsanstalt."

„Das lob ich mir", begeistert sich Olaf, „ich kannte auch einen solchen Richter, das ist aber schon lange her. Der hatte je nach Verhalten des Angeklagten vor Wut Schaum um die Mundwinkel. Der Schaum war dann auch ein deutliches Indiz für eine härtere Gangart und führte meist zur möglichen Höchststrafe."

Jupp versucht die heutigen Richter in Schutz zu nehmen:

„Heutzutage haben es die Richter auch nicht mehr so einfach wie früher, die Gesetzeslage hat sich verändert, vieles ist irgendwie liberaler, die Gewichtung der zu schützenden Güter wechselt anscheinend. Dies bestätigt der Satz, den ich kürzlich gelesen habe:

„Verrückt" Als ich vor 30 Jahren vor der – fiktiven – Entscheidung stand, mich zwischen zwei Hobbys, Kiffen oder Trödelmarkt am Sonntag, entscheiden zu müssen, entschied ich mich natürlich für den Trödelmarkt. Der war legal, und der Besitz von Cannabis war verboten. Verrückte Welt. Heute wird der Besitz von Drogen Schritt für Schritt legalisiert, und die Trödelmärkte werden dafür verboten."

Ruhestörung

Eine radikale Einsicht:

Die Nacht ist ruhig, ich habe gelernt eine solche Feststellung nicht hinauszuposaunen. Dies provoziert nicht nur ein nahes Unglück, sondern auch die Kollegen. Daher behalte ich das auch für mich.

„Fahrt mal in die Ulner Straße, im dritten Stock der Hausnummer 30. Das Ordnungsamt hat angerufen, die waren schon mehrfach dort. Ein Mitbürger scheint schwer zu hören, was sowohl die Lautstärke der Musik indiziert, als auch der mittlerweile vergebliche dritte Versuch, den Mann zur Befolgung der Anordnung, die Musik leiser zu drehen, betrifft", stört Jupp unsere Ruhe.

Lucci und ich fahren raus. Lucci hatte gerade die Füße hoch gelegt und sich mit geschlossenen Augen autogen auf die Bewältigung der restlichen Nachtdienststunden vorbereitet. Ich selbst bin schon ein wenig froh, wieder auf die Straße zu kommen. Ein wenig Action verdrängt die durch Langeweile aufkommende Müdigkeit. Zum Glück habe ich das mit der ruhigen Nacht nur gedacht, Lucci hätte mich ansonsten in den Senkel gestellt.

Schnell sind wir am Ort der Ruhestörung. Deutlich vernehmen wir laute Musik aus dem geöffneten Fenster des dritten Stockes. Die Nachbarn brüllen aus dem Fenster: „Seid Ihr Bullen endlich da, wird aber auch Zeit!"
Wir lassen uns nicht provozieren, wir befinden uns in einer Wohngegend, in der der Umgangston genetisch bedingt etwas rauer ist.
Ein Mitbewohner öffnet uns die Tür zum Haus, und wir erklimmen den dritten Stock. Wieder bestätigt sich meine statistische Erhebung, dass fast alle Einsätze immer in den oberen Stockwerken stattfinden.
Wir klingeln an der Haustüre und wider Erwarten öffnet uns ein Herr, der schon öfters polizeilich in Erscheinung getreten ist. Er ist leicht alkoholisiert und laut Lucci ein gewaltbereiter Querkopf, den Lucci von diversen Einsätzen kennt.
„Ich muss zugeben Mike, dass Du einen saugutenMusikgeschmack hast. Den teilen aber nicht alle Mitbewohner des Hauses", schmeichelt sich

Lucci ein. „Wenn Du die Lautstärke etwas runter drehst, könnte ich mir vorstellen, dass wir alle zufrieden den Rest der Nacht verbringen können."

„Schicken die jetzt schon die Bullen hierhin, haben die Sheriffs von der Stadtverwaltung Angst?", lallt uns ein fürchterlicher Mundgeruch entgegen.

Lucci bleibt ruhig. „Mensch Mike, wenn Du schon vor den Stadtsheriffs keinen Respekt hast, dann respektiere uns Bullen doch wenigstens. Du weißt, dass Du bei uns schnell den Kürzeren ziehst, und das wollen wir doch beide nicht."

Lucci nimmt dem unangenehmen Grobling etwas den Wind aus den Segeln, indem er sich rein verbal auf dessen Niveau begibt. Das imponiert mir und zeigt, wie wichtig Lebens- und Diensterfahrung in diesem Beruf sind.

„Ein Mike stellt die Musik dann leiser, wenn er es will", kontert der Störenfried.

Wir rücken nicht eher ab, bis unser Ziel, die Nachtruhe wieder herzustellen, erreicht ist. Mike gibt aber beileibe nicht nach, er stellt das Radio nicht leiser, ihm geht es mittlerweile um Stolz und Ehre.

Mike wird ruhig und nachdenklich. Er scheint sich zu besinnen.

Tatsächlich nimmt er in diesem Augenblick eine Abwägung im Sinne seiner ihm sehr eigenen Verhältnismäßigkeit vor. Was ist ihm wichtiger, die Ehre oder das Radio.

Er ist sehr entschlussfreudig, plötzlich wirft er das Radio aus dem Fenster, das Radio zerreißt in tausend Teile und verstummt.

Stolz stellt er fest:

„So meine Herren, das Radio stellt jetzt keiner mehr leiser, gute Nacht!"

Er schließt die Türe vor unserer Nase und Lucci dreht zufrieden ab:

„Radio verstummt, Ehre behalten, Ruhe wieder hergestellt. Eine typische Win-Win-Situation."

Hassliebe

Kommissar Braun lernt, dass manchen Menschen einfach nicht zu helfen ist:

Jupp ruft uns über Funk:

„Fahrt mal umgehend in die Langgasse 27. Dort steht eine Frau mit ihren Kindern auf der Straße und bittet um polizeiliche Hilfe. Angerufen hat die Mutter der Frau, die gleich auch dazu kommt."

Vor Ort treffen wir auf die Frau, die uns in einer sehr ruhigen selbstbewussten Art erklärt:

„Mein Mann zerschlägt momentan die Möbel in unserer gemeinsamen Wohnung. Ich habe das Arschloch hier am Handy. Die Polizei ist da, Du Arschloch!" brüllt sie in unserem Beisein ins Handy.

Ich übernehme das Handy und das Gespräch. In der Wohnung ist wohl Ruhe und der Mann spricht höflich und korrekt mit mir.

„Sie soll mich einfach nur in Ruhe lassen und mich nicht ständig provozieren, und halten Sie bitte meine Schwiegermutter da raus."

Die ist dann auch gerade gekommen und ein Dauerfeuer von Beleidigungen und Beschimpfungen, ihren Schwiegersohn betreffend, prasselt auf uns herein.

„Halten Sie endlich mal Ihren Mund", platzt es aus Lucci heraus. „Was ist denn hier eigentlich los?"

Wir begeben uns ins Haus, es ist wahr, vierter Stock, meine Statistik stimmt. Oben angekommen, setzt bei der Schwiegermutter Schnappatmung ein, ein Glück, die kriegt erst mal keine Worte raus. Somit hat der vierte Stock auch seine Vorteile.

In der Wohnung liegen zwei zerschlagene Stühle auf dem Boden und eine Tür ist gerissen, ansonsten ist alles soweit in Ordnung.

„Ich will jetzt wissen, was hier eigentlich los ist", Lucci beharrt jetzt auf einer Erklärung.

„Schatz, es tut mir leid", völlig überraschend entschuldigt sich die Frau bei ihrem Mann. Sie fallen sich beide in die Arme.

„Entschuldigen Sie bitte", beginnt der Mann sein Statement uns gegenüber.

„Ursächlich für unseren Streit war, dass ich länger im Bett liegen blieb, als es meiner Frau lieb war. Daraufhin hat sie meine Schuhe und meine Hose bemalt, die sie bezahlt hat. Ich habe dafür verärgert die Türen des Schlafzimmerschrankes und die Stühle zerschlagen, die ich wiederum bezahlt habe. Somit hat ja jeder das beschädigt, was ihm selbst gehört und das ist doch keine Straftat. Wir haben uns auch jetzt wieder lieb, und Sie können Ihren Einsatz abbrechen."

„Stimmt, Gute Nacht", kopfschüttelnd lassen wir die Familie stehen und Lucci philosophiert:

„Sinn machen in einer Ehe dann getrennte Kassen, wenn beide sich im Grunde hassen."

Sexuelle Telefonseelsorge

Vielseitige Arbeit auch in anderen Berufen:

„Wie blöd kann „Mann" nur sein?", kopfschüttelnd kommt Jupp in den Aufenthaltsraum.

„Was hast Du gegen Männer?", frage ich.

„Natürlich nix, aber der ein oder andere hat seinen Verstand zwischen den Beinen gebunkert und lässt den auch nicht mehr ins Hirn zurück."

„Stimmt", frohlocken unsere weiblichen Kollegen, die dann aber auch wissen wollen, warum Jupp nun doch endlich zu dieser Erkenntnis gekommen ist.

„Ich will das auf keinen Fall verallgemeinern, aber ein – wenn auch geringer Prozentsatz – an Männern leidet unter sexueller Verklemmung. Schamlos bieten dann „ausgepuffte" Damen den Männern ihr Bermudadreieck an, welches insbesondere deren Geld auf alle Ewigkeit schluckt. Ich will hier aber nicht verkennen, dass manche dieser Gesellschaftsdamen sehr gut bezahlte Seelentröster und überzeugende und vermeintlich glaubwürdige Schauspieler sind, deren Engagement und Motivation jedoch abrupt endet, wenn der Geldstrom in Richtung Bermuda abebbt, und die Männer nichts mehr am Leibe tragen außer vielleicht deren Bermuda Shorts.

Der besorgte Herr Temmes hat heute Abend mitgeteilt, dass eine mit ihm eng befreundete aktive Prostituierte, die mit Vornamen Monika heißt, plötzlich das Telefonat mit ihm abgebrochen habe, nachdem sie zuvor von einem Mann bedroht worden war.

Der Mann war äußerst besorgt. Die Frau wohnt im Bereich der Nachbardienststelle und soll insbesondere für ihre Hausbesuche passend zum Berufsbild einen Renault „Trafic" nutzen.

Anhand der Telefonnummer konnte ich die Adresse der in vielleicht großer Gefahr befindlichen Frau ausfindig machen und eine Streife der Nachbardienststelle begab sich sofort vor Ort.

Der vor Ort eingesetzte Kollege hat mir dann ungefähr folgendes telefonisch mitgeteilt:

„Ein rotes Licht schimmerte durch das abgedunkelte Fenster im dritten Stock. Dort befand sich der Arbeitsplatz, der, was sehr praktisch ist, auch Schlafplatz der Dame ist. Sie öffnete das Fenster, gehüllt in ihre traditionelle Arbeitskleidung, die deutlich sichtbar durch wenig Stoff glänzte, und zeigte sich verwundert, dass zwei uniformierte Beamte männlichen und weiblichen Geschlechts Einlass begehrten. Sie war clever genug zu erahnen, dass es sich nicht um Kunden handelt. Wir stiegen zum dritten Stock empor und da stand sie, unversehrt, zurzeit kundenlos. Mit freundlichen warmherzigen Worten gewährte sie uns Einlass in ihren Wellnessbereich.

Auf die Frage, ob sie mit einem Herrn Temmes befreundet sei, antwortet sie plötzlich gar nicht mehr so liebreizend und warmherzig, eher kalt und abstoßend:

„Dieser verklemmte Typ läuft hier jeden Monat auf, steht vor mir, kriegt keinen hoch, zahlt für eine Stunde quatschen, ruft aber jeden dritten Abend an und holt sich am Telefon einen runter. Der spinnt doch, vor einer Woche war der wieder hier, abgebrannt, hatte nicht mal Geld für fünf Minuten. Ich kann mir das nicht leisten, Zeit ist Geld, auch in unserer Welt. Heute Abend rief der Penner wieder an, nachdem er mir wieder vorgejammert hat, dass er kein Geld mehr habe, habe ich das Gespräch vorzeitig beendet. Ich bin doch keine ehrenamtliche Telefonseelsorge für sexuell Verklemmte. Naja, ich habe das Gespräch wohl zu früh beendet, dies hatte wohl einen Koitus Telefonicus Interruptus zur Folge.

Auf die Zusatzfrage, dass sie sich also nicht gefährdet oder bedroht fühle, schimpft sie weiter.

„Die einzigen, die mich bedrohen und nerven sind die Typen, die sich wie der Temmes in mich verlieben und anfangen zu stalken. Die einzige Gefahr in der ich schwebe, sind diese nicht gewinnbringenden endlosen Telefonate mit wenig potenten Kunden. Jetzt steht vor der Tür ein Streifenwagen, kein Freier wird jetzt so frei sein, meine Dienstleistung in Anspruch zu nehmen. Daher wäre ich Ihnen verbunden, wenn Sie schnell den Weg frei machen."

„Ja und dann sind die Kollegen aus der Stoßlinie gefahren, und ich habe dem Temmes in einem Telefonat den Marsch geblasen", beendet Jupp seine Ausführungen.

In seiner typischen poetischen Art fügt Peter hinzu:

Im Tempel der Musen und Oasen,
wird öfters mal ein Marsch geblasen.
Bei dieser Form von Volksmusik geht's drüber und drunter
Sitten und Kultur gehen hier eher unter.
Diese Tempel auf prächtigen Säulen stehen,
solange Männer kommen und gehen.
Doch schieben im Tempel der Lust,
arme Frauen erbarmungslos Frust.
Sie verdienen ihr Geld nur über Masse,
Zuhälter machen die große Kasse.
Am Schluss stehen sie da mit leeren Händen,
Freier und Gefreite vor gespenstischen Wänden.
Die große Liebe ist mit dem Geld schnell weg,
verschwunden in Bermudas dunklem Eck.
Und die Moral von der Geschicht,
die gibt es nicht.

Beruf und Berufsschule sind nicht immer kompatibel

Während Jupp gerne und stolz von seinen innerdienstlichen Einsätzen berichtet, schimpft Olaf mit seinem Handy und seufzt:

„Scheiße, ich habe kein Netz."

Das ist wieder ein gefundenes Fressen für Jupp und seine Wortspiele:

„Was regst Du Dich auf Olaf, warst Du jemals in einem Zirkus. Wenn ein Trapezkünstler abstürzt und schreit – Scheiße, ich habe kein Netz – dann ist das fürwahr ein echtes Problem."

„Einsätze im Umfeld der Prostitution haben nicht nur Flair, sondern auch hohen Erinnerungswert", legt Olaf nach.

„Ich kenne da einen Kollegen, den nannten die früher in der Schulzeit Theo, heute kennt den jeder unter dem Kennwort „Habe die Ehre".

Sein ehemaliger Schulkamerad Reiner hat es mittlerweile bis zum Leiter der Berufsschule geschafft. Beides lustige Typen, die selbst gerne mal austeilen und durchaus Spaß verstehen.

Theo rief unter falschem Namen und mit verstellter Stimme bei der Berufsschule an und lies sich mit dem Leiter, seinem Kumpel Reiner, verbinden. Theo erklärte, dass seine jetzt 17-jährige Tochter gerne Prostituierte werden möchte. Ein ja mittlerweile anerkannter Beruf. Theo interessierte sich jetzt, wie das berufsbezogen in diesem Falle in der Berufsschule gehändelt wird. Reiner fehlten die Worte, und er wollte durch allgemeines Geschwätz Zeit gewinnen. Schon eher vorwurfsvoll kritisierte Theo, dass es wohl eine Frechheit sei, dass allem Anschein nach für einen mittlerweile anerkannten Beruf kein Zugang zur Berufsschule ermöglicht wird. Reiner fehlen weiterhin Worte und Argumente. Theo stichelt weiter und will es jetzt genau wissen. Er will wissen, wie das denn mit der theoretischen Prüfung abläuft, wer die praktische Prüfung durchführt und abnimmt und ob es einen Gesellenbrief oder sogar eine Meisterprüfung gibt. Reiner findet nun doch ein paar Worte und will einen persönlichen Termin ausmachen, um diese doch problematische Anfrage in alle Ruhe zusammen mit Vater, Tochter und Schulleitung zu erörtern. Theo willigte in einen Termin ein und bat einen Rechtsbeistand dazu zu holen. Er schlug sich selbst unter dem richtigen Namen vor und löste die Sache damit auf. Voller Erleichterung machte sich Reiner mit ein paar deftigen Schimpfworten Luft und beide vereinbarten, sich alsbald auf ein Glas Wein zu treffen. Reiner hat dann bei Vorträgen, die er in seiner Funktion des Öfteren halten musste, sehr oft diese Anekdote vorweg geschickt und somit den Vortrag aufgelockert."

„Aber da hat Theo doch ein tatsächliches Problem erkannt, welches heute in dieser extremen Auslegung noch nicht gelöst ist oder?" erkennt Lucci den Ernst der Lage.

Die Nacht verschont uns vor weiteren Einsätzen, jeder nutzt die Ruhe auf seine Weise, der eine bereitet sich mit Hingabe einen Tee, der andere nimmt sein Buch, das er schon seit Monaten liest, und schläft nach zwei Seiten ein, die meisten zwängen sich auf Stühle, Couch und Sofa und ordnen ihre Gedanken. Nein beileibe, sie schlafen nicht, sie fahren ihren Computer runter, um ihn dann wieder neu zu starten, eine Art Reset.

Kapitel 11

Nahtoderlebnisse

Dienstvorschriften können bitter sein:

Mittwoch, 11:00 Uhr, Spätdienst:

Ich komme ein wenig früher zum Dienst, koche schon mal den Kaffee für alle und habe mir damit das Privileg erworben, die Zeitung komplett zu lesen und muss mich nicht mit den Todesanzeigen begnügen. Ich merke, dass ich erfahrener geworden bin, noch kein alter Hase, aber mir trotzdem einen Status erkämpft habe. Das ist in jedem Team wichtig, wichtig fürs Selbstbewusstsein und auch für die Zufriedenheit. Ich vergleiche das mit einer Fußballmannschaft, die keine Stars braucht, aber ein Team, das zusammenhält, ein Team, in dem klare Hierarchien entstanden sind, die das Ganze tragen und so Spiele gewinnt.

Jupp kommt auch schon, für ihn gibt es auch noch eine Zeitung, aber er scheint abgelenkt.

„Was ist los?" frage ich ihn.

„Mein älterer Sohn heiratet, ich habe mal nachgefragt, wie viel Sonderurlaub mir für dieses Ereignis zusteht mit dem Ergebnis, mir steht keiner zu. Die makabre Antwort des Personalreferates lautete, wenn Dein Sohn stirbt, dann kriegst Du Sonderurlaub. Dies ist es mir aber gewiss nicht wert. Was soll diese blöde Antwort.

„Und, was machst Du jetzt", hake ich nach.

„Nix, ich habe das Ergebnis dieser kleinen Anfrage an alle Kollegen gesteuert und das mit meinen Worten umschrieben."

„Liebe Kollegen, ich habe soeben erfahren, dass der Sonderurlaub für Hochzeiten gestorben ist, dies wiederum ist jedoch kein Todesfall im Sinne der Urlaubsverordnung und so stirbt nun der letzte Teil meines Jahresurlaubes, was wiederum auch kein Todesfall im Sinne dieser Vorschrift ist."

Peter der Dichter hört uns zu und ergänzt:" Verwaltungsvorschriften führen oft zu den verrücktesten Auswucherungen. Ein Hase wurde von einem Pkw erfasst und unwaidmännisch erlegt. Moralisch und pietätvoll hat der Fahrzeugführer das Tier an den Straßenrand gelegt. Er fuhr zur Polizeidienststelle, und wir nahmen vorschriftsgemäß einen Wildunfall auf, damit es der Verkehrsteilnehmer mit der versicherungstechnischen Abwicklung leichter hat und wir die Statistik bedienen können. Lapidar und zur allgemeinen Erheiterung vermerkte ich im Rapport, dass das Tier vom Beerdigungsunternehmen Fuchs und Raabe entsorgt wurde.

Tatsächlich erfolgte eine Nachfrage der Verwaltung, die da lautete:

„Bei dem Bestattungsunternehmen Fuchs und Raabe handelt es sich um kein Vertragsunternehmen. Wir bitten künftig nur Vertragsunternehmen zu beauftragen."

Der Totengräber

Varianten einer Trauerbewältigung:

„Lucci und Brauni, fahrt mal sofort zum städtischen Friedhof, da buddelt einer an einem Grab", stört Jupp unser Gespräch.

„Wir sind doch eigentlich noch gar nicht da, unser Dienst fängt doch erst in 20 Minuten offiziell an. Wir haben jetzt erst mal unser Kaffeekränzchen und dass da am helllichten Tage einer an einem Grab arbeitet, ist doch völlig normal. Das kann ja nur ein Angehöriger oder einer vom Friedhofsamt sein oder die Staatsanwaltschaft exhumiert gerade und wie immer weiß von uns keiner Bescheid und dem Toten ist das ohnehin Wurscht", versucht Lucci natürlich vergebens mit Jupp zu verhandeln.

„Du glaubst doch selbst nicht, dass irgendeine Behörde ob Staatsanwaltschaft oder Friedhofsamt in der Mittagspause arbeiten. Fahrt mal hin und die Sache wird sich klären", beharrt Jupp auf seiner Einsatzplanung.

Wir fahren los, nachdem wir noch schnell den Streifenwagen mit der digitalen Fotokamera, dem Alkoholtestgerät und dem Handfunkgerät aufgerüstet haben.

„Das wird nichts für uns sein, das wird ein völlig normaler Vorgang sein", prognostiziere ich und werde bald sehen, dass ich mich gewaltig irre.

Wir kommen am Friedhof an, parken in aller Ruhe den Funkstreifenwagen und begeben uns gemächlich auf das Friedhofsgelände. Eine aufgeregte Frau erwartet uns und führt uns zu dem Grab. Wir trauen unseren Augen nicht. Da kniet ein Mann mittlerweile in einer ca. 50 cm tiefen Mulde im Grab und buddelt sich mit bloßen Händen ein.

Wir treten an das Grab heran und Lucci ergreift das Wort:

„Exhumieren Sie hier im Auftrag der Staatsanwaltschaft oder gibt es irgendeinen nachvollziehbaren Grund für Ihr Handeln?"

Weder erschreckt noch eingeschüchtert, nein mit absolut überzeugendem Tonfall antwortet der Mann:

„Stimmt, ich exhumiere, ja ich buddele den Kurt hier raus, das bin ich ihm schuldig und vor allem mir. Es ist wichtig für die Trauerbewältigung, dass man den Toten sieht, um es überhaupt zu begreifen. Das nennt man visuelle Trauerbewältigung und das ist nicht nur legitim, sondern auch anstrengend. Ich bin hier jetzt schon eine Stunde dran, unverschämter Weise steht hier weder Hacke noch Schaufel. Ich buddele mit bloßen Händen, die ersten Blasen bilden sich. Ich habe noch fast zwei Meter vor mir."

Der Mann riecht durch alle Hautporen nach Alkohol, sein Kopf ist dunkelrot mit bläulichen Farbtupfern.

Ich bin überzeugt, den Mann zu kennen und mit einem Male fällt es mir ein. Es handelt sich um den Penner namens Klaus, der mit aller Gewalt letzten Winter in den Knast einziehen wollte, aber erst im Frühjahr festgenommen wurde.

„Mensch Klaus", erkennt auch Lucci die arme Socke, „lass doch den Kurt in Ruhe, was Du hier machst ist verboten, willst Du denn jetzt in den letzten schönen Tagen des Jahres wieder in den Knast?"

„Ihr Bullen seid doch schuld, hättet ihr mich im Winter, wie jedes Jahr, in den Knast gelassen, dann wäre der Kurt nicht gestorben. Ich hätte auf den aufgepasst und überhaupt, ich glaube nicht, dass der hier im Grab liegt. Sehet und glaubet, das ist der Grundsatz, nach dem ich hier gezielt vorgehe, so einfach ist das."

„Du gehst uns jetzt gezielt nach und verschwindest hier, so einfach ist das für uns", befiehlt Lucci mit ernstem und bestimmtem Tonfall.

„Mensch, versteh doch, mein bester Kumpel, mein Saufkumpan ist da unten. Wer teilt mit mir den Schlafplatz, wer teilt mit mir den Schlafsack? Wo ist dem Kurt sein Schlafsack überhaupt, der war auch mir, den will ich wieder haben."

Na geht doch, denke ich, das rein Weltliche und Materielle steht jetzt wieder im Vordergrund, die Trauer scheint doch schneller bewältigt zu sein, als alle dachten.

„Okay, ich höre mit dem Buddeln auf, lasst mich noch ein paar Minuten in aller Stille Abschied nehmen, dann verschwinde ich hier", bittet Klaus.

Wir fotografieren das Ganze noch, Klaus führt zu seiner Entlastung und zur Befriedigung unserer Neugierde noch einen Atemalkoholtest mit einem für ihn schwachen Ergebnis von 1,6 Promille durch.

Wir erklären ihm, dass eine Strafanzeige wegen Störung der Totenruhe auf ihn zukommt.

„Störung der Totenruhe, das hatte ich noch nicht, immer wieder was Neues."

Klaus nimmt's gelassen.

Ein Mitarbeiter des Friedhofamtes kommt dazu, er hatte zwei Schaufeln dabei.

Eine drückt er Klaus in die Hand und beide füllen das Grab wieder auf.

Die Strafanzeige wird Milde ausfallen, zu Milde, um im bevorstehenden strengen Winter damit ins Gefängnis einziehen zu dürfen. Da wird noch was kommen müssen.

„Der Klaus tut mir leid, früher Teilhaber eines stabilen Familienbetriebes, dann haben ihn der Alkohol und der ständige Streit mit dem Bruder aus dem Haus auf die Straße getrieben. Er hat sich in den letzten 15 Jahren innerhalb der Stadt- und Landstreicher einen Status erworben, mit dem er in der normalen Gesellschaft aber nichts anfangen kann. Er erlebt oft in seinem unmittelbaren Bereich, seiner Obdachlosenersatzfamilie, den Tod. Heimlich still und leise, ohne großen Bahnhof, verschwinden seine Kumpels auf anonymen Urnenfriedhöfen und nur sehr selten in städtischen Gräbern, wie es bei Kurt der Fall war. Kurt war in der Szene der Obdachlosen aufgrund seiner finanziellen Besserstellung privilegiert. Sein Verlust wiegt für die Szene doppelt schwer. Mein lieber Brauni, immer wieder überfallen mich Gedanken über den Tod, das ist in unserem Beruf unausweichlich, weil wir ihm viel zu oft in die Augen schauen müssen. Damit kommt nicht jeder von uns klar und so beschäftigen wir uns immer wieder damit."

Die Gedanken über den Tod

Zeit für philosophische Betrachtungen:

Zurück auf der Dienststelle, Olaf, die Loreley, Jupp und frischer Kaffee warten auf uns. Wir erzählen vom Totengräber und die doch makabre und skurrile Geschichte lässt uns dann doch nachdenklich und besinnlich werden.

Der Tod und die Gedanken daran lassen uns nicht mehr los, diese Endgültigkeit ist für viele angsteinflößend.

Olaf ergreift das Wort, er hat eine pastorale Ader, ja ich könnte mir den tatsächlich als Pastor vorstellen:

„Es gibt Kollegen, die können damit umgehen oder die tun so, als ob sie das nicht berührt. Alles Fassade, irgendwann, wenn die Zeit knapp wird, dann holt auch die Kollegen diese Todesangst mehr oder weniger ausgeprägt ein.

Ich selbst hatte ein Schlüsselerlebnis und kenne eine sehr vielsagende Geschichte.

Mein Schlüsselerlebnis, indem ein Schlüsselloch und das „Erleben" eine Rolle spielt, ist folgendes:

Ein sehr weiser und gläubiger Mann hatte, als die Zeit nahte, auch Todesängste. Er kam ins Krankenhaus. Sein Herz war müde, hatte es doch über 80 Jahre, nach einem Weltkrieg, nach einer Geldentwertung, nach Herzinfarkt und fünf Bypässen, keine Kraft mehr. Er fiel ins Koma.

Doch es gelang der modernen Medizin, das Leben des Mannes noch ein wenig zu verlängern.

Nach diesem Nahtoderlebnis war die Todesangst des Mannes gewichen. Bei vollem geistigen Bewusstsein und einem sehr hohen Grad an Glaubwürdigkeit erinnert er sich an diese Sekunden:

„Es war dunkel, und ich steuerte erwartungsvoll und voller aufgeregter Neugierde auf ein Licht zu. Ich vergleiche dieses Gefühl mit dem, welches ich als Kind hegte, wenn ich zur Weihnachtszeit das Licht aus dem verschlossenen Wohnzimmer durch das Schlüsselloch schimmern sah."

Der gleiche Mann erzählte mir dann auch noch folgende Geschichte:

Im Mutterleib, kurz vor der Entbindung unterhalten sich Zwillinge.

Ich möchte nicht auf die Welt kommen, hier ist es schön warm, ich habe Essen und Trinken und was mich da draußen erwartet, weiß ich nicht. Ich habe Angst, geboren zu werden", spricht der Ängstliche.

„Deine Geburtsangst musst Du ablegen, jeder muss da durch, jeder Mensch muss geboren werden. Lass Dich von der Hoffnung tragen, dass diese neun Monate im Mutterleib nicht das Ende sind", spricht der ebenfalls zweifelnde aber doch hoffnungsvolle Zwilling.

Beide werden, nachdem sie geboren wurden, nichts mehr von der Zeit im Mutterleib wissen, kein Mensch erinnert sich an diese Zeit. Beide werden aber bei normalem Verlauf zum Ende ihrer Tage oder schon früher Todesängste haben und sich vielleicht wieder unterhalten.

„Ich möchte nicht von dieser Welt gehen, hier ist es schön, ich habe Essen und Trinken und was mich im Tod erwartet, weiß ich nicht. Ich habe Angst zu sterben", spricht der Ängstliche.

„Deine Todesangst musst Du ablegen, jeder muss da durch, jeder Mensch muss sterben. Lass Dich von der Hoffnung tragen, dass dieses Leben auf der Mutter Erde nicht das Ende ist", spricht der ebenfalls zweifelnde aber doch hoffnungsvolle Zwilling.

Irgendwie hat mich der Mann berührt, es bleiben Zweifel, aber die Hoffnung, dass es doch weiter gehen könnte, ist gewachsen. Wenn Klaus am Grab von Kurt sagte, sehet und glaubet, so ist das schon richtig, nur wir können nicht in die Zeit nach dem Tod blicken, da gilt halt eben – Glaubet und Sehet –."

Alle schweigen und verharren kurz in ihren eigenen Gedanken, ein wirklich seltener Moment. Olaf geht mit diesen Gedanken sehr offen um, die meisten lassen Zweifel und Angst nicht nach außen dringen, könnte es doch Schwäche bedeuten und Schwäche einzugestehen, kann wie im normalen Leben nicht jeder Polizist.

Kapitel 12

Verrückte Typen

Mit Ideen und ohne Grenzen:

Der Spätdienst verläuft ruhig, kaum Einsätze, wenig Schreibarbeit. Spontan verabreden wir uns zu einem Abschlussbier in unserer Stammkneipe.

Ein Klischee wird bestätigt, zumindest heute Abend. Wir Männer sind schnell da und mit zwei Bier Verspätung kommen dann die gestylten Kolleginnen. Mich überrascht, wie verändert, aber großartig sie aussehen. Und dann kommt ja auch noch der Sympathiefaktor hinzu, der nachweislich schön macht.

Als wir alle zusammen sitzen legt Jupp auch schon los:

„Der heutige Abend steht unter dem Motto – Verrückte Typen – Feuer frei, wer kennt da ein paar Anekdoten für unseren Brauni?"

„Ach was", sagt Jupp, „ich fang gleich mal an.

Wir hatten da früher mal einen Kollegen, den Alfred. Ein verrückter Typ, immer nur Unsinn im Kopf, aber der Chef hat ihm jeden Schabernack verziehen, weil er auch ein Herzblutpolizist war. Jetzt ist er in Pension, der hat sich komplett zurückgezogen. Aber seine Anekdoten leben weiter.

So hat er einer sehr peniblen Schreibkraft, die sich immer über alles beschwerte, eine Stinkbombe unter dem Klodeckel platziert.

Den Anschiss des Chefs nahm er geläutert an und verwies auf die Schuldunfähigkeit, denn der Täter war ja das Kind im Mann und Kinder sind nicht schuldfähig.

Der Chef musste ohnehin schmunzeln und verdonnerte Alfred dazu, der Schreibkraft einen Strauß Blumen zu schenken.

Geprüft Alfred

Über Humor lässt sich streiten:

„Eine Dienstaufsichtsbeschwerde Alfred betreffend, werde ich nie vergessen", lachte Jupp.

Ein Mann aus seinem Kegelclub erschien eines Tages auf der Polizeiwache und sprach bei unserem Wachenleiter vor, um gegen Alfred eine Dienstaufsichtsbeschwerde wegen Verstoßes gegen die außerdienstliche Wohlverhaltenspflicht zu erstatten.

Was war passiert?

Alfred war mit dem Kegelclub auf Tour. Diesmal waren auch die Frauen dabei.

Er selbst war unbefraut, was den einen oder anderen Ehemann dazu veranlasste, ihn zu warnen, dass er es nicht zu wild treiben soll. Alfred erklärte, dass sich die Kegelbrüder nicht um deren Frauen sorgen sollten, er Alfred habe nämlich eine Marotte und die lasse er sich nicht nehmen. Er drückt jeder Frau, die mit ihm ins Bett steigt, einen Stempel auf den Hintern.

Großes ungläubiges Gelächter, aber einem ist dann das Lachen vergangen, und der sitzt nun beim Wachenleiter und beschwert sich über den einfältigen und durchaus ideenreichen Kollegen Alfred.

Am nächsten Tag besorgt sich Alfred einen ganz bestimmten Stempel und ein entsprechendes Stempelkissen. Er schleicht sich, an diesem Abend mehrmals, auf die Damentoilette und präpariert die Sitzfläche des Toilettendeckels mit der Aufschrift „Geprüft Alfred".

Für dieses schwierige Unterfangen benötigte Alfred mehrere Versuche, schlich sich immer wieder unter einem Vorwand zur Toilette, erneuerte den Stempel und siehe da, bei einer Kegelschwester schien es geklappt zu haben.

Am nächsten Morgen vertraute sich der Ehemann der Frau einem Kegelbruder an und erklärte, dass auf dem Gesäß seiner Frau ein Stempel aufgedruckt sei, auf dem sehr undeutlich aber dennoch eindeutig „geprüft Alfred" zu lesen sei.

Der Kegelbruder rechtfertigte das in ihn gesetzte Vertrauen überhaupt nicht, wollte er doch diese delikate und lustige Begebenheit allen kundtun. Das betroffene Ehepaar konnte sich nicht erklären, wie dieser Aufdruck auf das Gesäß der Frau gelangte, ertrug das amüsierte Gelächter der Runde nicht und reiste ab.

Alfred stand zu seinem Streich, alle fanden das lustig, nur eben der vermeintlich Gehörnte hatte daran überhaupt keinen Spaß.

Der Wachenleiter überzeugte den Beschwerdeführer, dass eine Dienstaufsichtsbeschwerde mit einem solchen Inhalt vielleicht zu einer geringfügigen Rüge des Beamten führen könnte, aber es dürfte nicht im Interesse des Mannes und vor allem seiner Ehefrau sein, diese Geschichte weiter zu publizieren.

Der Wachenleiter konnte dieses Gespräch nicht für sich behalten und so wurde die Geschichte zumindest intern bekannt.

Herdentrieb

Polizisten helfen auch in tierischen Angelegenheiten:

„Der verrückte Alfred hat doch mal eine ausgebrochene Kuhherde mit dem Lautsprecher eingefangen", erinnert sich Lucci.

„Es war kurz vor Feierabend, ein Verkehrsteilnehmer teilte über Notruf mit, dass neben der viel befahrenen Bundesstraße eine Kuhherde steht und droht, auf die Fahrbahn zu treten. Alfred wollte aber genau an diesem Tage früher, zumindest pünktlich, Feierabend machen, weil er zum Kegeln wollte. Er war sich sicher, dass die Kühe zu einer Weide gehören, die sich ca. einen Kilometer von der Straße entfernt bergwärts befindet. Er versuchte vergeblich den Bauer telefonisch zu erreichen. Verärgert und gestresst, fuhr ich mit Alfred zu dieser Gefahrenstelle. Vorsorglich fuhren wir mit zwei Funkstreifenwagen, damit einer die Warnung für den fließenden Verkehr übernehmen konnte.

Tatsächlich standen dort acht Kühe, unmittelbar neben der Fahrbahn. Zwei Pkw hatten bereits angehalten und sicherten ab. Alfred stand unter Zeitdruck, wie kriegen wir jetzt die Kühe zurück ins Gatter.

„Lucci", befahl er, „Du fährst, ich fahre bei und dann schauen wir mal, ob das klappt."

„Wenn was klappt?" fragte ich ungläubig nach.

„Lass Dich überraschen", grinste er.

Ich musste jetzt ca. 20 Meter vor die Kuhherde den Feldweg hochfahren und dort bei laufendem Motor stehen bleiben.

Jetzt begann ein einmaliges Schauspiel. Alfred ergriff das Mikrofon des Außenlautsprechers und brüllte wie ein Bulle in die Landschaft.

Die Leute, die unten bei den Kühen standen und absicherten, schüttelten sich vor Lachen. Ich schämte mich in Grund und Boden. Doch Alfred wollte zeitig zum Kegeln und brüllte weiter. Es hörte sich tatsächlich wie der Lockruf eines hormongesteuerten sexsüchtigen Bullen an. Naja, ich sag das jetzt mal so, aber der Erfolg könnte mir Recht geben, denn jetzt kam Bewegung in die Sache, bzw. in die Kuhherde. Die Kühe hoben die Köpfe und schauten in Richtung des Funkstreifenwagens, ganz langsam setzten sie sich in Bewegung und kamen auf uns zu.

„Lucci pass auf, die kommen, die werden gleich schneller", warnte Alfred und brüllte weiter.

Und jetzt ging es los, eine Stampede, die Kühe liefen wie wild auf uns zu. „Gib Gas, sonst machen die uns platt", lachte Alfred.

Sein Plan ging tatsächlich auf. Wir fuhren knapp einen Kilometer den Weg hoch, vor uns war die Weide, das Tor war offen.

„Fahr rein, los fahr rein", ereiferte sich Alfred.

Ich fuhr auf die Weide und die Kühe, die mittlerweile gefährlich nahe aufgelaufen waren, folgten uns. Alle liefen durch das Tor und sammelten sich um den Streifenwagen. Zögerlich und respektvoll stieg Alfred aus, ging ans andere Ende des Gatters, postierte sich außerhalb und brüllte jetzt ohne Lautsprecher. Neugierig trabten die Kühe zu Alfred. Ich konnte rückwärts rausfahren und das Gatter verschließen.

Ein einmaliger Vorgang, den ich nie vergessen werde. So bekam der Begriff „Bulle" eine ganze neue Bedeutung.

Alfred der Saubermann

Besondere Benimmerziehung:

„Alfred und seine Toilettenspäße", lachte Olaf. „Alfred war zwar ein Spaßvogel, aber auch ein Saubermann, er konnte überhaupt nicht ertragen, wenn z.B. in der Spülmaschine die Messer mit der Spitze nach oben eingeräumt wurden. Extrem kritisch war er, wenn sich Männer auf der Männertoilette nicht setzten, sondern im Stehen bei geringer Treffsicherheit einen Rundumschlag auf der Toilettenschüssel betrieben.

Immer wieder hat er mit Zetteln die Kollegen zu Anstand und Sitte auf der Männertoilette angehalten und auch über die Dienststellenleitung vehement die Installation eines Urinals eingefordert.

Ein Kollege jedoch weigerte sich beharrlich, alleine um Alfred zu ärgern, sich beim Urinieren zu setzen. Irgendwann war es Alfred zu viel.

Er spannte eine Frischhaltefolie unter den Toilettendeckel, handwerklich begabt war er ja, informierte sodann die anderen Kollegen und dann begann das gespannte Warten.

Endlich, es dauerte heute gefühlt länger als üblich, schritt der besagte Kollege gemächlich zur Toilette. Er schlenderte über den Gang, öffnete die Toilettentüre und schloss ab.

Er war in diesem Augenblick wie immer trotzig und wild entschlossen, sich wieder nicht zu setzen.

Fünf Kollegen und eine Kollegin schlichen leise hinterher, postierten sich vor der Toilettentüre und horchten. Es sollte gelingen.

Wie immer, sich treu bleibend, urinierte der Kollege im Stand, sein Strahl trommelte auf die Frischhaltefolie und alles verteilte sich großflächig um die Toilettenschüssel.

Der völlig überraschte Kollege merkte nach kurzer Zeit, dass er Opfer eines Anschlages wurde und verhielt sich ruhig, damit ja keiner mitbekommen sollte, dass er auf diesen Streich reingefallen war.

Er schloss die Toilette auf, trat langsam auf den Flur und sah in die roten grinsenden Gesichter der Kollegen.

Er verlor nicht die Fassung, grinste mit und resümierte:
„Leute, der Gag war gut, lasst uns gemeinsam für die Anschaffung eines Urinals kämpfen."

Der Henker

Spaß darf sein, denn Spaß belebt:

„Da war noch die Sache mit dem Computer", ergänzte Jupp."

Der Alfred hat doch eines Tages mal einen alten Computerbildschirm von zu Hause mitgebracht und ein Seil. Er besorgte sich eine Leiter und hat mit viel Mühe den Bildschirm mit dem Seil an der Gardinenleiste befestigt.

„Was soll das?", bat ich um eine Erklärung.

„Warte mal ab", grinste Alfred.

Er griff zum Telefon und rief Eddie, unseren Administrator, an, den wichtigsten Mann auf der Dienststelle. Er selbst nahm sich nicht so wichtig und war eher ein lockerer Typ.

„Kannst Du mal runter kommen, wir haben ein Problem mit dem Computer, der hat sich aufgehängt", jammerte Alfred ins Telefon.

Unser EDV-Experte und heimlicher Chef der Dienststelle kam mit ernstem und besorgtem Blick auf die Wache.

„Habt Ihr den Computer schon wieder gekillt, Ihr wisst doch, wie sensibel diese Geräte sind. Die muss man mit Samthandschuhen anfassen."

„Wir haben ja nicht ahnen können, wie sensibel so ein Computer ist, das hat ja hier keiner gewollt", jammerte Alfred und zeigte hoch zur Gardinenstange, an der der Computer an einem Strick hing.

„Was soll das", ärgerte sich unser Administrator. „Ich habe doch gesagt, dass sich der Computer aufgehängt hat", genoss Alfred die Situation.

Eddie lachte: „Ihr Beamten seid doch alle verrückt."

Er nahm sein Handy und fotografierte die Sache und verschwand wieder.

Wir tranken noch eine Runde auf den nicht anwesenden Alfred, bezahlt hat Jupp aus der Kaffeekasse und langsam löste sich die lustige Gesellschaft auf.

Mein Gott, wie werde ich diese Abende vermissen, ich könnte mir stundenlang diese verrückten Geschichten anhören.

Die Feinrippunterhose

Kann Lebensrettung peinlich sein?

Ein älterer Kapitän war gefangen auf seiner Motorjacht, der auf einem kleinen Fluss umherschipperte, als ihn ein Herzinfarkt an die Schiffsblanken fesselte. Den Notruf konnte er noch betätigen. Der singende Polizist erreichte als erster den Ereignisort. Er sah vom Ufer aus die Jacht, die zwar nicht führerlos aber dennoch ohne Führung war. Entschlussfreudig zog sich der pflichtbewusste und schamlose Beamte bis auf die Unterhose aus und sprang in die Fluten. In dem sommerwarmen strömungsfreien Gewässer hechtete der Retter zum Boot, welches er kurze Zeit später zum Ufer manövriert hatte. Dort wartete bereits der Notarzt, und Gevatter Tod hatte keine Chance mehr. Diese mutige Aktion führte zu einem spontanen Liveinterview des örtlichen Radiosenders mit dem Polizisten.

„Wie fühlt es sich an, wenn man einem Menschen gerade das Leben gerettet hat?" erfragte der geschulte Reporter.

„Peinlich, einfach nur peinlich" antwortete der Polizist.

Etwas irritiert bat der Reporter, doch bitte auf die Frage zu antworten. Er spulte sein Band auf dem Aufnahmegerät zurück und startete sein Interview von vorne.

„Wie fühlt es sich an, wenn man einem Menschen gerade das Leben gerettet hat?" so, der zweite Versuch wird ja wohl klappen.

„Wie gesagt, peinlich" beharrte der Polizist auf seine Gefühlslage.

„Wieso ist Ihnen das denn peinlich?" fährt der Befragende frustriert fort.

„Weil ich eine alte Feinrippunterhose getragen habe" erklärte der sensible Polizist.

Dieses Interview wurde abgebrochen und leider nie gesendet.

Kapitel 13

Der Stinkstiefel

Der Erkennungsduft wird langfristig zum Verhängnis:

Samstag, Tagdienst, ich werde wieder von meinem Handy-Martinshorn geweckt. Das Aufstehen fällt wie immer schwer, der Kreislauf humpelt, der Motor stottert. Noch mal strecken, tief durchatmen und auf geht's. Schnell unter die Dusche, heiß kalt läuft es mir den Rücken herunter, nur so eine Wechseldusche zwingt den Kreislauf zum Laufen. Mein Frühstück plane ich auf der Dienststelle ein, das bringt Zeit und in der kollegialen Frühstücksrunde schmecken der Kaffee und das Morgenbrötchen besser. Der Wetterbericht hat tolles Wetter prophezeit. Es scheint zu stimmen.

Lucci ist schon da, der Kaffee läuft, die Zeitungen liegen noch unberührt auf dem Tisch. Heute sind wir auf Mindeststärke. Freie Wochenenden sind begehrt, sechs Mann oder Frau müssen mindestens in den Dienst kommen, damit die polizeiliche Präsenz und der damit einhergehende Auftrag, Sicherheit zu gewährleisten, erfüllt werden kann. Das klappt in den meisten Fällen, wenn sich dann aber ein Kollege oder eine Kollegin krank meldet, dann ist dieses Personalloch umgehend auszufüllen. In aller Regel muss dann eine Ersatzfrau oder ein Ersatzmann aus der Freizeit oder, wenn möglich, von einer anderen Dienststelle die Lücke füllen.

Jupp kommt als Letzter, alle sind da.

„Was ist los Jupp, Du bist heute ausnahmsweise mal der Letzte", frotzelt Olaf.

„Lieber der Letzte, als das Letzte", reagiert Jupp prompt. „Aber lieber Olaf, wenn Du heute Morgen an meinem Geburtstagsfrühstück teilnehmen willst, dann solltest Du Dich ein wenig zurückhalten."

Alle springen auf und gratulieren höflich, keine Spur vom Morgenmuffelsyndrom, kurzfristig sind die Zeitungen ohne Aufsicht. Jeder will ja auch frühstücken. Jupp, der Gourmet unter den Altwachmeistern, serviert wie immer einen typischen Wachtmeisterhappen. Fleischwurst, Mett und Brötchen, deftig wie immer für die Älteren unter uns, für die Jüngeren einen Korb mit Möhren und eine Vitamin C Ampel, jeweils eine rote, gelbe und grüne Paprika.

Der Generationenwechsel hat auch eine gravierende aber durchaus sinnvolle Änderung im Essverhalten mit sich gebracht. Die älteren Kollegen beharren auf der Wahrung traditioneller Institutionen, der Mett- und Fleischwurstconnection.

Jupp ist schon ein schwergewichtiger Beamter, der konträr gegen alle Erfahrungen der Ernährungswissenschaft agiert und sich auch nicht mehr ändern wird.

„Ich bin nicht dick, ich habe auch keinen dicken Bauch, das ist eben mein Waschbrettbauch im Speckmantel", lästert er über sich selbst.

Er hatte aufgrund eines massiven gesundheitlichen Problems zehn Tage im Koma verbracht und in der Folge sichtbar abgespeckt. Er spricht dann immer von seiner sehr erfolgreichen Koma Diät. Schnell hatte er jedoch wieder sein Altgewicht und auf die Frage, ob er wieder zugenommen habe, antwortet er immer grinsend: „Jo jo." Das ist der berühmte Jo-Jo-Effekt.

Olaf gibt keine Ruhe:
" Jupp, jetzt wo du schon wieder ein Jahr älter geworden bist, nur mal so am Rande eine Frage. Was macht eigentlich Dein Sexualleben?"
„Frag doch mal Deine Frau!" kontert Jupp.

Olaf gibt auf und genießt das Frühstück.

„Draußen ist der Kannchack, der hat sein Mofa dabei, das wäre jetzt endlich versichert und das vordere Licht würde jetzt auch funktionieren".

Jupp scheint den nicht zu mögen und auch bei den anderen Kollegen entfacht das Erscheinen dieser Person keine Begeisterungsstürme.

„Ich übernehme das", löse ich die allgemeine Anspannung.

Vor der Türe steht ein ca. 40 Jahre alter Mann mit sehr ungepflegtem Äußeren, Stoppelbart und einer sehr unangenehmen körperlichen Ausdunstung. Wenn ich das so richtig erklären sollte, dann müsste ich sagen, der stinkt erbärmlich. Mir wird jetzt klar, warum keiner der Kollegen am frühen Vormittag solch einen Kontakt pflegen möchte. Das gelbrote Mofa ist versichert, den klebrigen Versicherungsschein nehme ich erst gar nicht in meine Finger, das vordere Licht funktioniert tatsächlich.

„Alles okay, Sie können dann wieder fahren", ich bleibe bewusst höflich und lasse mir meinen Ekel nicht anmerken.

Zurück im Aufenthaltsraum schauen mich die Kollegen fragend an.

„Und hast Du schon ein Date mit dem Stinkstiefel ausgemacht. Du bist bestimmt auf sein Deodorant reingefallen."

„Nein, kein Date, aber ich habe ihn zum Frühstück hier in unsere Wache eingeladen, er hat aber abgelehnt", lache ich und desinfiziere meine Hände. Mittlerweile habe ich mir ein eigenes Desinfektionsmittel in meine Tasche gesteckt. Es ist schon ab und an abscheulich, mit welchen Typen wir es zu tun haben.

Lucci will auf Streife fahren, er hat noch ein paar Ermittlungen. Es handelt sich meist um Ersuchen der Bußgeldstellen. Wir sollen ermitteln, wer irgendwo in Deutschland mit seinem Pkw zu schnell gefahren ist. Das hält natürlich auf und raubt uns die Zeit für andere wichtigere polizeiliche Aufgaben. Es ist das gute Recht der Leute, den Versuch der Vertuschung des tatsächlichen Fahrers möglichst zu unternehmen und manchmal klappt das ja auch. Was ich aber oftmals nicht verstehe, dass genau diese Leute uns abkanzeln, wir sollen uns um wichtigere Dinge kümmern, als arme Verkehrssünder aufzuspüren. Dabei fehlt es demjenigen an der selbstkritischen Erkenntnis, dass er durch sein Verhalten die Polizei zu eben diesen zeitraubenden Ermittlungen zwingt.

„Brauni, komm wir fahren raus, wir müssen Sicherheit produzieren".

„Kein Thema, ich habe den Streifenwagen schon aufgerüstet", frohlocke ich.

Ich fahre doch viel zu gerne auf Streife, das macht für mich den Polizeidienst einfach aus.

Falsch getankt

Am besten haben immer die anderen Schuld:

Nach ein paar Minuten bemerke ich an der Tankstelle einen älteren Mann, der verzweifelt zu uns rüber winkt.

„Lucci, schau mal, der Mann hat wohl ein Problem, lass uns mal wenden."

Blaulicht an, Verkehr beobachten, alles steht, wenden. Man ist das einfach, mit dem Privatauto ist das unmöglich. Wir fahren zur Tankstelle hin.

„Aus der Zapfsäule kommt Diesel", erklärt uns der Mann.

„Das ist richtig", bestätige ich seine Feststellung.

„Nein, das ist eben nicht richtig", beschwert sich der Mann.

„Wieso ist das nicht richtig?", frage ich erstaunt.

„Weil ich keinen Diesel brauche, was soll ich mit Diesel", labert der Mann weiter.

Er ist völlig aufgeregt und verzweifelt.

„Dann tanken sie doch einfach Super", versuche ich zu beruhigen.

„Ja super, super Vorschlag, super Idee, das wollte ich ja", brüllt er mir mit großen Augen entgegen, als ob ich schuldig wäre.

„Also ich denke, dass Ihr Problem eine falsche Tankfüllung sein könnte, Sie haben wohl Diesel anstatt Super getankt. Wenn das stimmt, so sollten Sie nicht mehr fahren, sonst leidet der Motor", erkläre ich und erreiche, dass der Mann sich noch mehr aufregt.

„Das weiß ich jetzt auch, Sie Schlaumeier, das hätten Sie mir auch früher sagen können, aber wie immer, wenn man die Polizei braucht, dann ist sie nicht da. Typisch Polizei."

Ich lasse mich nicht provozieren, zumindest lasse ich mir das äußerlich nicht anmerken. Aber tief im Inneren denke ich, dass das dem Mann nichts schadet.

Ich verspüre ein wenig Schadenfreude und dann bricht aus mir ein Zitat von Dieter Hildebrand heraus:

„Statt zu klagen, dass wir nicht alles haben, was wir wollen, sollten wir lieber dankbar sein, das wir nicht alles bekommen, was wir verdienen."

Und wir fahren mal wieder, wir dürfen uns hier nicht mehr so lange aufhalten, weil wir ja sicher noch anderswo gebraucht werden."

Kein Echo, mit offenem Mund starrt mir der Mann hinterher, der wird doch wohl nicht nachdenken?

Ich steige zu Lucci in den Funkstreifenwagen.

„Was war los?", fragt Lucci.

„Nichts Besonderes, hier einer Diesel getankt und das war super"

Später schreibt Peter der Dichter zu dieser kleinen Begebenheit:

Wenn der Motor plötzlich knattert,
ist der Fahrer schnell verdattert,
bleibt das Auto stehn und bockt,
ist der Fahrer schier geschockt.

Wenn anstatt Super Diesel ist im Tank,
wird das Auto plötzlich krank,
gibt es eine Moral von der Geschicht,
ja: falsch getankt ist falsch gemischt,
und das verträgt der Motor nicht.

Falsch gelotst

Streckenkenntnisse wären von Vorteil:

Die Streife führt uns in eine kleine Gemeinde, auch hier werden wir von Passanten zur Hilfe gerufen. Ein großer Lkw hat sich in einer der engen Straßen festgefahren, alle Rangierversuche schlugen nicht nur fehl, sondern auch mit dem Heck und der Front gegen Häuserwände und mit dem Dachaufbau gegen ein Transparent.

„Scheiß Navi", hallt es aus dem Führerhaus des Lkw, ein Schrei, der das ständige Hupen der hinter und vor dem Lkw wartenden Pkw übertönt.

Lucci bleibt wieder im Streifenwagen sitzen. Ich schreite zum Lkw und spreche den völlig panischen Lkw-Fahrer an.

„Da ist das Navi schuld, das hat mich hierhin geführt. Jetzt häng ich in dem Kaff hier fest", jammert der Fahrer.

Dann kommt Lucci, er schaut sich kurz das Dilemma an, zieht den Fahrer aus dem Führerhaus und befiehlt mir, den Bereich 20 Meter vor und hinter dem Lkw von den Pkw zu räumen.

Nach ein paar Minuten ist Platz. Lucci rangiert zwei oder drei Mal und der Lkw ist frei. Wir nehmen noch den Verkehrsunfall auf, der Lkw hatte ja sichtlich Schaden hinterlassen. Die Zuschauer klatschen Beifall, der Lkw-Fahrer ist sprachlos und Lucci haut mit Hilfe des Außenlautsprechers zu meiner großen Überraschung folgendes kleine Gedicht raus:

Geführt von seinem Navigationsgerät,
erkennt der Fahrer viel zu spät,
dass in enge schmale Gassen
große Lkw nicht passen,
drum sollten Fahrer solcher Klassen,
sich auf Navi`s nicht verlassen.

Dann fährt Lucci los, welch ein Abgang, welch ein Szene. Ich bin Teil von dem Ganzen, das ist so verrückt, dass es schon wieder genial ist. Mit fehlen die Worte, wir sprechen über diese Szene übrigens nie mehr, Schweigen und Genießen.

Falsches Kennwort

Für gute Kollegen ist kein Weg zu weit:

Der Samstag neigt sich zum High Noon, fast Mittag. Nun ist es Zeit, sich ernsthaft mit der Bestellung der Süßwaren für den Nachmittag zu beschäftigen. „Frage mal über Funk nach, wer Nussecken begehrt", bittet mich Lucci, „mach das mit dem Stichwort, es muss ja nicht jeder mitkriegen, was wir tatsächlich wollen."

Das mit dem Stichwort ist mir schon beigebracht worden.

Ich funke unsere Dienststelle an und melde mich mit folgendem Satz: „Sind bei Objekt B, wie viel Nussecken soll ich mitbringen?"

In dem Augenblick, als ich es ausgesprochen habe, wird mir klar, was für einen Quatsch ich fabriziert habe.

Lucci schüttelt sich vor Lachen:

„Tolles Kennwort, so unverdächtig, da merkt keiner, was wir wollen, das könnte von der NSA sein. NSA heißt übrigens Nusseckenanfrage."

Da meldet sich Jupp:

„Fahrt mal in die Hauptstraße, da ist ein Herr Nuss drei Mal gegen die Ecke gefahren."

Lucci kann nicht mehr, er brüllt vor Lachen.

„Und Brauni, hast Du das Kennwort von Jupp entschlüsselt?"

Wortlos steige ich aus und kaufe drei Nussecken für Jupp und zwei für uns.

Beladen mit fünf Nussecken steuern wir die Dienststelle an und freuen uns schon auf den Kaffee, wir biegen auf die Zielgerade ein, als Jupp uns anfunkt:

Triebjagd

Tiefe und erschütternde Nachwirkungen für alle Beteiligten:

„Fahrt sofort zum Flussufer, kurz vor der Zufahrt zum kleinen Strand. Dort erwartet Euch eine verletzte Frau, die vermutlich von einem Pkw angefahren wurde, nachdem sie Opfer einer Sexualstraftat geworden ist."

Lucci donnert los, mein Gott, so hab ich den noch nicht erlebt.

„Den kriegen wir noch, wir sind in einer Minute da", hofft er.

Tatsächlich, Lucci kennt einen Schleichweg, fast fährt er einen Mofafahrer um, der gegen die Einbahnstraße entgegenkommt. Das Mofa erkenne ich sofort wieder:

„Das gehört dem Stinkstiefel!"

Wir erreichen die Hauptstraße und die Zufahrt zum Strand. Am Wegesrand liegt eine Frau. Die Kleidung total verschmutzt, der Rock zerrissen und die Oberschenkel außen völlig verkratzt.

In dem Pkw sitzt eine Frau, sie ist kreideweiß. Ich kümmere mich um die Fahrerin, während Lucci sich der am Boden liegenden Frau zuwendet.

Die Fahrerin schildert mir:

„Die arme Frau hat verzweifelt um Hilfe gerufen, während der Mann sie festhielt. Ich sollte anhalten, war aber so verunsichert, weil ich dachte, die könnten mich ja auch unter dem Vorwand einer Notlage überfallen wollen. Viele Autos sind ja auch schon weitergefahren. Dann kam mir die Idee, dass sich die Frau am Griff der Fahrertüre festhalten soll und ich sie dann bei langsamer Fahrt mitziehen kann. Dies rief ich ihr aus dem Fahrerfenster zu, welches ich ein wenig geöffnet habe. Die Türe habe ich von Innen verriegelt. Langsam bin ich weitergefahren und habe die Frau so mitgezogen. Der Mann, der sie umklammern wollte, lief zum Fluss runter. Dann kam der mit einem Mofa zurück und fuhr in Richtung Stadt."

Mittlerweile hat Lucci einen Rettungswagen und einen Notarzt angefordert. Von der Dienststelle aus hat Jupp die Kriminalpolizei informiert.

Ich höre, wie die verletzte und misshandelte Frau mit Lucci spricht:

„Der wollte mich vergewaltigen. Der hat mit einem Messer gedroht, ich habe mich gewehrt, dann hat er mich geschlagen. Ich bin dann hier hoch gelaufen, habe versucht Autos anzuhalten, keiner wollte mir helfen. Eine Frau hielt an, sie sagte, ich solle mich am Griff der Fahrertüre festhalten, was ich auch tat. Dann habe ich mich ein Stück mitschleifen lassen. Schauen sie mal, wie mein Oberschenkel aussieht. Der Typ hat mich dann auch sofort losgelassen. Nach ein paar Metern hatte ich auch keine Kraft mehr. Der Typ ist dann mit dem Mofa abgehauen.

„Welche Farbe hatte das Mofa?", frage ich.

„Gelbrot und der Typ hat fürchterlich gestunken", erinnert sie sich.

„Der dreckige Stinkstiefel!", verschlägt es Lucci die Sprache. „Der kam uns doch eben noch entgegen."

Sofort strahlen wir noch vom Streifenwagen eine Funkfahndung nach dem Stinkstiefel und seinem Mofa aus.

Während heute Morgen noch jeder dem Stinkstiefel aus dem Weg gehen wollte, so sind jetzt alle wild darauf, ihm zu begegnen. Eine wilde Jagd durch die ganze Stadt beginnt.

Die Frau erklärt uns:

„Er hat mich nicht vergewaltigt, das hätte ich nicht zugelassen, lieber wäre ich gestorben. Ich wollte doch hier am Flussufer nur einmal durchatmen und ein wenig abschalten. Dann kam der mit dem Mofa, schaute sich erst nach allen Seiten um, stieg ab, kam auf mich zu, zog ein Messer, packte mich von hinten und drückte seine Hand unter meinen Rock auf meine Scheide. Ich wollte schreien, aber das ging nicht. Von panischer Angst und Abscheu ergriffen riss ich mich los, lief zu der Straße hoch und hing dann irgendwann an dem Auto der Frau. Der Typ ist dann mit dem Mofa weggefahren. Ich würde den bestimmt wiedererkennen, aber zu 100 Prozent würde ich den am Geruch identifizieren."

Mittlerweile ist die Kriminalpolizei vor Ort, eine weibliche Kollegin kümmert sich jetzt um die Frau.

Wir haben ein sehr gutes Verhältnis zu der hiesigen Kriminalpolizei, sind doch die meisten von denen vorher auch mal Schutzmänner gewesen. Manche scheinen das zu vergessen. Wenn ich jetzt über diverse Kriminalfilme nachdenke, wie saudumm die Kollegen von der Schutzpolizei da teilweise dargestellt werden, dann ärgert mich das schon gewaltig. Dabei sind wir doch im Prinzip alle nur Schutzmann, einfach nur Schutzmann.

Alles was nicht von Bedeutung ist, wird hinten an gestellt. Die Fahndung nach dem Stinkstiefel läuft auf Hochtouren. Stundenlang kämmen wir jeden Winkel in der Stadt durch, ein Zuhause hat der nicht, der lebt auf der Straße, irgendwo muss der ja sein. Auch das gelbrote Mofa taucht nicht auf.

Die ganze Obdachloseszene hilft uns, die mögen den Kannchack auch nicht und einen Vergewaltiger ohnehin nicht.

Unauffindbar, der Typ ist wie vom Erdboden verschluckt. Wir fahnden noch eine Stunde über den Feierabend hinaus, es wird langsam dunkel. Die Ablösung übernimmt die Fahndung, im Dunkel der Nacht wird es kaum möglich sein, Stinkstiefel zu erwischen.

Ich fahre nach Hause und bin total aufgewühlt und gefrustet. Dieser Typ ist gefährlich, der wird es erneut versuchen, nur – wann und wo – ?

Und dann muss sich die Frau an einem Pkw festklammern, weil den meisten die Zivilcourage fehlt, sich für andere in einer Notlage einzusetzen. Die fahren lieber weiter und kümmern sich nur um sich selbst. Ist das ein Trend der Zeit, ich befürchte ja.

Morgen haben wir Nachtdienst, bis dahin wird der sicher festgenommen sein, das machen die Kollegen der anderen Dienstgruppe schon. Mit dieser Hoffnung schlafe ich dann doch irgendwann ein.

In meinen Träumen suche ich Kannchack weiter, ich kann sogar fliegen, wie Supermann. Ich spüre ihn auf, ich will den Kannchack haben. Ich will mit Lucci und den anderen Kollegen, den Leuten dieser Stadt und all den anderen Dörfern, die zu unserem Dienstbezirk gehören, das Gefühl geben, dass sie sicher sind, dass sie sich auf ihre Polizei verlassen können. So denke nicht nur ich, das wünschen sich alle Herzblutpolizisten, dafür haben sie den Beruf gewählt. Ich bin stolz einer von den Männern und Frauen zu sein. Meine Traumflugreise endet ohne die erhoffte Festnahme.

17:00 Uhr. Ich habe jetzt doch ein wenig vorschlafen können. Das ist gut und hilft mir über die Nacht. Ich könnte ja noch eine Stunde schlafen, aber irgendwie bin ich unruhig. Der Stinkstiefel Kannchack wird ja wohl mittlerweile festgenommen sein. Mein Handy klingelt.

„Lucci, Du bist auch schon wach!", reagiere ich überrascht.

„Ich kann dich abholen kommen, wir fangen heute früher an. Wir sollen weiter nach dem Kannchack suchen, der wurde heute Nachmittag von seinen Kumpels in der Stadt gesehen. Wir essen heute auf der Dienststelle. Ich denke, wir holen uns eine Pizza", plant Lucci.

„Okay, wir sehen uns in zehn Minuten", freue ich mich.

Alle sind im Dienst, jeder beteiligt sich an der Jagd. Olaf wollte eigentlich frei machen, aber Gruppendruck und Jagdtrieb gehen vor.

Gruppendruck, die daraus resultierende Dynamik, Teamspirit und das Wir-Gefühl prägen eine Dienstgruppe. Dies ist durchaus positiv, es bedarf aber immer der Einhaltung von Regeln. Die Summe von Gruppendruck und starken Emotionen können einen Überdruck erzeugen, der wiederum zu unkontrollierten Handlungen jenseits der vorgegebenen rechtlichen und moralischen Grenzen führen kann.

Solchen Phänomenen unterliegen alle Menschen, auch Polizisten, sind sie auch noch so abgebrüht.

Ich werde Zeuge dieser Grenzüberschreitung in diesem vor uns liegenden Nachtdienst sein.

Es vergehen Stunden, unter Vernachlässigung der wesentlichen polizeilichen Aufgaben bestreifen wir mit drei Streifenwagen die Stadt. Keine Chance, Stinkstiefel kriecht nicht aus seinem Loch.

22:00 Uhr, der Hunger meldet sich, die Versorgung muss stimmen, die Erhaltung der Dienstfähigkeit ist wichtig.

„Die Nacht ist südländisch warm, eine Nacht zum Helden zeugen", orakelt Jupp, „wir sollten uns was vom Italiener holen."

Keine 30 Minuten später sitzen wir am Tisch, öffnen die Pappschachteln und wetzen die Messer.

22.35 Uhr, das Telefon klingelt. Jupp zwingt sich vom Tisch hin zum Telefon. Er kommt langsam zurück:

„Da vergnügen sich welche wohl etwas zu lautstark auf dem Spielplatz unten am Fluss. Das Stöhnen der Frau stört den Anrufer in seiner Nachtruhe. Die zeugen ihre Helden, und wir hängen hier rum, das stinkt mir", jammert Jupp.

Wie auf Kommando wirft jeder sein Besteck auf den Tisch, keine Worte. Alle springen auf. Jetzt wird es auch mir klar, Stinkstiefel, das könnte Stinkstiefel sein.

Jupp koordiniert die Anfahrt. Sternförmig fliegen wir mit drei Streifenwagen zum Spielplatz. Kein Blaulicht, kein Martinshorn, nur nicht warnen. Noch keine Minute, wir erreichen den Spielplatz. Ich parke den Pkw, Lucci läuft los, ich höre Schreie, man was können die Jungs laufen, ich kann nicht aufholen.

Lucci ist als erster da.

„Es ist Stinkstiefel, es ist der Drecksack", schreit Lucci. Lucci ist außer sich, die anderen kommen dazu, reißen Stinkstiefel von der Frau, zerren ihn von der Frau weg, weit weg.

„Kümmere Dich um die Frau", rufen mir die Kollegen zu.

Da stehe ich nun, alleine mit der armen Frau. Ich spreche sie ruhig an:

„Soll ich Ihnen aufhelfen."

„Nein, ich würde Sie bitten sich umzudrehen, damit ich mich wieder anziehen kann."

Ich wollte sie doch drücken, sie trösten, ihr Beistand leisten und dann, dann soll ich mich umdrehen. Natürlich gehorche ich. Dann sehe ich eine Hundeleine, die hielt die Frau während der Vergewaltigung krampfhaft in ihrer Hand. Am Ende der Leine hängt ein kleiner Hund, der sich hinter einem Baum versteckt.

„Wie geht es meinem Hund?", fragt die Frau.

Jetzt merke ich, dass die Frau nur noch funktioniert, sie steht unter Schock.

„Dem Hund geht es gut", beruhige ich.

Jetzt kann ich der Frau in ihr Gesicht schauen. Ein Auge ist zugeschwollen, die Oberlippe blutet und am Hals erkenne ich ausgeprägte Druckstellen.

„Darf ich Sie mal in den Arm holen", bitte ich die Frau, ich will ihr doch Schutz und Wärme geben.

„Wenn es Ihnen hilft", höre ich die für mich völlig überraschende Antwort.

In meine Fassungslosigkeit drängt sich Lucci.

„So, Stinkstiefel ist auf dem Weg zur Dienststelle. Olaf bleibt hier am Tatort, bis die Kriminalpolizei kommt. Wir bringen die Frau ins Krankenhaus. Dort wird sie entsprechend untersucht. Eine Kollegin der Kripo ist auf dem Weg nach dort."

23.25 Uhr, wir kommen zurück zur Dienststelle. Die Kollegen tuscheln, sie wirken geheimnisvoll, irgendwas muss passiert sein.

Ich höre Jupp auf der Wache schimpfen:

„Olaf ich kann Dich ja verstehen, aber das dürfen wir einfach nicht, wir sind Polizisten, Selbstjustiz ist für uns tabu!"

Ich will die beiden bei ihrem klärenden Gespräch nicht stören. Die Frage, wo sich Stinkstiefel mit den anderen aufhält erübrigt sich ohnehin. Ich folge dem typischen Gestank, der Stinkstiefel umgibt, und geselle mich zu den anderen, die sich im Vernehmungsraum mit dem Festgenommenen versammelt haben.

„Was ist passiert?" will ich von Lucci wissen.

Lucci zieht mich zur Seite:

„Olaf hat sich und die Regeln vergessen, er hatte sich nicht mehr unter Kontrolle.

Als wir den Typ von der Frau gezogen haben, sind Olaf die Sicherungen durchgebrannt. Er sah nur noch rot und wollte auf den Stinkstiefel einschlagen. Wir hatten mehr Probleme, Olaf zu bändigen, als den Festgenommenen zu kontrollieren. Da hat sich bei Olaf einfach zu viel aufgestaut, das passt eigentlich gar nicht zu ihm, aber irgendwann ist bei jedem der Rucksack einfach voll. Eine Backpfeife mit der flachen Hand auf Stinkstiefels Wange konnten wir nicht verhindern."

Jupp geht zur Tagesordnung über, er hat Olaf aus der Schusslinie genommen und ihn auf die Wache gesetzt.

Überraschend verlangt Stinkstiefel nach Olaf.

„Das lassen wir lieber sein", lehnt Jupp ab.

„Dann richtet ihm bitte aus, dass er sich keine Sorgen machen muss, ich werde ihn nicht anzeigen. In dem Gerangel kann das ja auch passieren. Ich habe das ja auch verdient, irgendwie hat mir der Klaps auf die Wange die Augen geöffnet. Ich entschuldige mich bei Euch allen und vor allem bei den beiden Frauen, die von gestern und die arme Frau von heute Abend. Das soll die Schuld meiner Tat nicht schmälern, aber der Frust über meine gescheiterte Ehe und der Ärger über meine Exfrau haben mich in den Alkoholsumpf getrieben. Existenzängste und Zweifel an mir selbst sind in blanken Hass auf meine Umwelt, insbesondere auf Frauen, umgeschlagen. Dafür könnt Ihr alle nichts, Ihr macht Euren Job und den macht Ihr gut. Ich habe kein Aids oder sonst eine ansteckende Krankheit. Sagt das den Frauen, damit sie sich keine weiteren Gedanken machen müssen."

Das klang echt, nicht aufgesetzt, so kennen wir Stinkstiefel nicht.

Stundenlang sitzen wir an der Schreibmaschine, alles muss aufs Papier. Hier werden die entscheidenden Grundlagen für den anstehenden Prozess gelegt, objektiv und chronologisch, damit Staats- und Rechtsanwalt ihre Arbeit aufnehmen können.

Im Bericht steht beiläufig, dass der Beschuldigte Kannchack bei der Festnahme einen leichten Schlag mit der flachen Hand gegen die Wange erhalten hat.

Er wird zu 6 Jahren Freiheitsstrafe verurteilt. Olafs Backpfeife wurde nie mehr erwähnt.

Er wird in der Haft eine Therapie machen und psychologisch betreut, er wird fortan unauffällig bleiben.

Ich werde Wochen später die vergewaltigte Frau aufsuchen, auch sie hat sich vorsorglich und erfolgreich einer Therapie unterzogen.

„Ich habe mir das immer mal ausgemalt, was mache ich, wenn ich mal vergewaltigt werde", erklärt mir die Frau. „Ich habe in dieser Situation genau das gemacht. Es hat mir geholfen, ich hatte keine Todesangst, ich habe dem kranken Mann einfach gesagt, er brauche mich nicht zu würgen und zu schlagen, ich mache doch mit, ich habe ihm Lust vorgespielt. Es scheint geklappt zu haben. Als dann die Polizei kam, habe ich immer noch versucht, so eine Art Normalität in den Ablauf zu bringen. Daher habe ich Sie gebeten, sich umzudrehen, daher habe ich mir Sorgen um meinen Hund gemacht, daher wollte ich nicht getröstet werden. Mir geht es gut, machen Sie sich um mich keine Sorgen. Danke, dass Sie diesen Job machen, danke, dass Sie für mich da waren, danke für Ihren Besuch."

Sie bringt mich zur Tür, und ich werde sie nie mehr sehen, aber mich immer an sie erinnern.

Auf dem Tisch stehen noch immer die Pizzareste, ich räume alles weg. Die Ablöseschicht kommt, wir sind alle platt. Jupp würde noch gerne ein Abschlussbierchen trinken:

„Im Spind steht noch eine Kiste Hopfenblütentee."

Alle winken ab, eine ereignisreiche und anstrengende Nacht liegt hinter uns.

Olaf, der sonst immer dabei ist, schleicht wortlos aus der Dienststelle.

Gut, dass die Kollegen nicht so abgebrüht sind, gut dass sie Schwäche und Emotionen zeigen können, gut, dass es auch nur ganz normale Menschen sind.

Gut, dass die Sache gut ausgegangen ist.

Jupp zieht Lucci und mich in den Besprechungsraum, dort sind wir ungestört. Wir stören auch nicht die Kollegen des Frühdienstes und drei bereits geöffnete Flaschen Hopfenblütentee stehen auf dem Tisch.

„Du hast uns überredet", entscheidet Lucci, „es ist manchmal besser, die Müdigkeit zu verdrängen und sich vor dem ohnehin kaum erholsamen Schlaf die Seele frei zu reden."

Gewalt an und durch Polizisten

Die Situation, die Fragen, die Blickwinkel, welche Antworten?

„Ich habe morgen Muskelkater im rechten Unterarm, ich habe das Gefühl, dass meine rechte Hand ständig krampft", beginnt Jupp die Einsatznachbereitung in kleiner Runde.

„Hast du Probleme mit der rechten Hand?" frage ich nach, ich kenne Jupp mittlerweile, da steckt ja irgendetwas dahinter.

„Brauni, ich habe in meinem Leben schon so oft eine Faust in der Tasche gemacht, aber so extrem lange und intensiv wie nach der Festnahme von Stinkstiefel, das kommt schon eher selten vor. Im Laufe der Jahre lernt ein Polizist den Umgang mit der emotionalen Zurückhaltung. Olafs Ohrfeige ist menschlich nachvollziehbar und verständlich, aber in diesen Situationen dürfen wir nicht menschlich reagieren. Unser Beruf zwingt uns zur Zurückhaltung. Olaf hat die Grenze überschritten, seine Emotionen haben die auferlegten beruflichen Fesseln gesprengt. Ihm geht es im Nachhinein jetzt nicht wirklich besser."

Lucci schaltet sich ein: „Brauni, Du bist jetzt schon seit geraumer Zeit Polizist, unbefangen und neu im Geschäft."

„Genau", Jupp unterbricht, „Brauni, es gibt immer wieder Diskussionen zum Thema Gewalt durch und gegen Polizeibeamte. Dabei ist Gewalt durch Polizeibeamte zumeist durchaus erlaubt. Es gibt nicht immer den Polizisten, deinen Freund und Helfer, manchmal könnte das auch heißen – die Polizei, mein Freund ich helf dir –.

Für uns gelten auch Notwehr und Nothilfe, spezielle Gesetze ermächtigen uns zu Maßnahmen in deren Folge wir legitimiert Menschen, z.B. durch Festnahmen, die Freiheit entziehen, sie durch Blutproben mit einer Nadel verletzen lassen, sie im äußersten Notfall mit einem „finalen Rettungsschuss" töten. Wir haben da eine große Verantwortung für den Bürger, unseren Rechtsstaat und auch für uns selbst. Wir sind an Recht und Gesetz gebunden. Wir müssen zuverlässig und glaubwürdig sein. Wir müssen mit dem großen Vertrauen, welches uns die Gesellschaft entgegenbringt, sorgsam umgehen."

„In der Öffentlichkeit immer häufiger diskutierte Gewaltexzesse durch Polizeibeamte, die in sozialen Medien und zum Teil in der Presse unreflektiert dargestellt werden, suggerieren dem Bürger bewusst oder unbewusst, dass die Polizei brutaler wird und Gewalt anwendet", ärgert sich Lucci, „aber wir stehen mehr denn je in der Öffentlichkeit, überall lauern Handys, die mit ihren eingebauten Kameras alles aufnehmen. Über Internet ist das schnell verbreitet und schon geht der Shitstorm los. Wir dürfen uns davon jedoch nicht einschüchtern lassen, wenn der Ehemann seine Frau verprügelt, dann müssen wir notfalls mit Gewalt den Mann von der Frau ziehen, auch wenn später in der Filmsequenz im Internet nur die brutale Polizei, die einen wehrlosen Mann angreift, zu sehen sein wird."

„Dann hat Olaf ja mit seiner Ohrfeige eben diese gesetzlichen Schranken eingerissen und sich strafbar gemacht", lenke ich die Diskussion wieder auf die Vorfälle der Nacht.

„Genau Brauni, Körperverletzung im Amt heißt das dann, und bevor ich mich wegen eines solchen Verbrechers vor den Richter zerren lasse, mache ich lieber eine Faust in der Tasche," bestätigt Jupp, „ wir erzählen dir jetzt drei wahre Begebenheiten, die du dann unter dem Gesichtspunkt „Gewalt" bewertest."

Polizist zerstört Mobiliar und verletzt Mann

Angst ist ein guter Schutz und Panik ist nicht zu kontrollieren:

„Vor vielen Jahren", beginnt Jupp, „hatten aufmerksame Mitbürger einen Einbruch in eine örtliche Zulassungsstelle gemeldet. Die Meldung ging um 23:00 Uhr ein.

Wir hatten Glück, keine krankheitsbedingten Ausfälle, keine Urlauber, wir konnten personell aus dem Vollen schöpfen.

Wir fuhren gleich mit drei Streifenwagen zum Tatort. Ja, es war ein Tatort, wie im Film. Die Beleuchtung übernahm der Vollmond, der hoch vom Himmel die Szenerie ausleuchtete.

Wir erkannten sofort das eingeschlagene Fenster im 1. Stock. Mit vier Polizisten umstellten wir den Bereich, damit der Täter, wenn er sich noch im Gebäude aufhalten sollte, nicht ungesehen und ungehindert flüchten kann.

Zwei Mann wagten sich in das Gebäude. Wir hatten keinen Schlüssel, der Hausmeister wohnte am anderen Ende der Stadt, er war bereits verständigt. Gusti und Bernd entschlossen sich, über den gleichen Weg wie der Täter ins Gebäude zu steigen.

Der Durchstieg durch das Fenster war eng, scharfkantige Glasteile ragten hervor. Gusti stieg als erster vorsichtig in den Raum. Der Mond beleuchtete den Raum nur spärlich. Gusti verschwand im Raum und gab dem Mond die Chance, den Raum durch das Fenster auszuleuchten. Plötzlich erkannte Gusti an der Wand einen Schatten, eindeutig, es war eine Person, die einen Revolver in der Hand hielt.

Gusti schrie: „Achtung, der hat eine Waffe."

Er geriet in Panik, schießen konnte er nicht, wohin auch, er konnte den Täter nicht sehen. Auf den Schatten schießen war ja zwecklos. In Bruchteilen von Sekunden wurde Gusti völlig panisch. Er hatte Todesangst, riss alle Regale von der Wand, warf die Einzelteile wahllos in den Raum, Hunderte von Akten verteilten sich auf dem Boden. Er griff sich einem Bürostuhl und schleuderte auch diesen in den Raum.

Bernd konnte nicht einsteigen, zu unsicher war die Situation, der Täter könnte ja plötzlich unkontrolliert losschießen. Bernd leuchtete mit seiner

Taschenlampe den Raum aus. Nach einer gefühlten Ewigkeit ertastete das Licht der Taschenlampe den Täter. Er lag am Boden, ein Bürostuhl hatte ihn am Kopf getroffen, der Revolver war nicht mehr in dessen Zugriffsbereich.

Bernd schrie Gusti an: „Hol den Revolver, beruhige Dich, der Täter liegt regungslos auf den Brettern."

Gusti riss den Revolver an sich, Bernd stieg durch das Fenster, und ich leuchtete von außen in den Raum. Bernd fand den Lichtschalter, und wir sahen das ganze Chaos. Gusti hatte ganze Arbeit geleistet, er zitterte am ganzen Körper.

Später stellte sich heraus, der Mann hatte vor über 10 Jahren einen Polizisten erschossen, wurde 4 Wochen zuvor entlassen und hatte sich in dieser Zeit bereits wieder eine Schusswaffe mit Munition zugelegt.

Mit gebrochener Nase und einer Platzwunde über dem Auge wurde der Einbrecher dem Haftrichter vorgeführt und genoss für viele weitere Jahre wieder all inclusive in einem Einzelzimmer auf Kosten der Steuerzahler.

Der Schaden in der Zulassungsstelle summierte sich auf über 1000,- Euro.

So Brauni, was hältst du von dieser Aktion?"

„Ich komme mir vor wie vor einer Prüfung", lache ich, aber okay, lasst mich kurz nachdenken."

Also ich verzichte jetzt mal auf die taktische Bewertung, die bei diesem Einsatz durchaus schon angesprochen werden müsste, aber das ist ja auch nicht das Thema, sondern hier geht es ja um die Bewertung der Gewalt.

Natürlich hat Gusti einen erheblichen Sachschaden verursacht und den Einbrecher auch durch den Bürostuhl am Kopf verletzt. Aber letztlich befand sich der Polizeibeamte meiner Ansicht nach in einer Notwehrsituation, also alles gut.

Polizeibeamte dürfen doch auch Angst haben, warum auch nicht. Es werden Schutzfunktionen geweckt, die Leben retten können.

Es bleibt eine Idealvorstellung, dass Polizeibeamte immer ihre Angst kontrollieren, nicht in Panik verfallen, aber die Bürger wollen doch grundsätzlich auch, dass die Polizisten Mensch bleiben und bei allen Entscheidungen die menschliche Komponente mit einbringen. Dann muss man dem Polizeibeamten auch zubilligen, dass er auch menschlich agiert und reagiert. Gusti hatte Todesangst und zündete sehr schnell die Stufe – Panik –, was gleichbedeutend auch mit Verlust bzw. der Einschränkung der Kontrolle einhergeht. Aber das wird doch von allen akzeptiert, die Mehrheit der Gesellschaft will ihn doch so sehen, den Polizisten als Freund, Helfer und Mensch.

Polizeihund hetzt Einbrecher ins kalte Hochwasser

Eine Rettungsaktion mit vielen Entscheidungen:

„Ich erinnere mich an eine verrückte Begebenheit", jetzt legt Lucci los.

„Hein war ein toller Hundeführer und Racker eine treue Hundeseele, die nicht nur auf sein Herrchen, sondern auch auf uns aufpasste. Wir haben ihn aber auch alle mit gefüttert, so haben wir seine Freundschaft erkauft, was beileibe kein Fall von Korruption ist.

Nachts, es war so gegen 01:00 Uhr, liefen Racker, Hein und ich in der städtischen Fußgängerzone Fußstreife. So hatte der Hund seinen Auslauf, wir unsere frische Luft, die uns über die Nacht helfen sollte, und der Bürger ein gutes Sicherheitsgefühl.

Ca. 200 Meter vor uns erkannten wir zwei Personen, die sich an einem Schaufenster eines Juwelierladens zu schaffen machten. Racker wurde unruhig und Hein auch: „Hier ist die Polizei, bleiben Sie mal stehen!"

In diesem Augenblick rannten die beiden los und bogen schnell in eine zum Fluss talwärts führende Straße ab. Hein lies Racker von der Leine und die Jagd begann.

Racker folgte den beiden, die sich in der Querstraße, unmittelbar vor dem Hochwasser führenden Fluss, trennten. Der Hund war verunsichert, wem sollte er jetzt folgen? Hein, der hechelte wie ein Hund, konnte nicht mehr rufen. Er zeigte mit der Hand geradeaus, was der Hund zu meiner Verwunderung verstanden hatte. Er folgte dem Täter, der sich entschlossen hatte, den verhängnisvollen Weg in Richtung Strömung einzuschlagen. Das Wasser rauschte an der Ufermauer vorbei, Tauwasser aus den Bergen hatte die Wassertemperatur drastisch sinken lassen. Voller Panik sprang der vermeintliche Einbrecher in die reißenden Fluten. Was ich und vor allem der Täter nicht für möglich gehalten hat, der Hund sprang todesmutig hinterher.

Sekunden später erreichten Hein und ich die Ufermauer, beide Hund und Mann waren bereits ein Stück abgetrieben. Der Mann schrie um Hilfe, Hein sprang ohne nachzudenken ins Wasser, der Mann streckte Hein die Hand entgegen und Hein rettete … den Hund.

An einer nahen Fährrampe konnte ich den Mann dann an den Händen greifen und auch ihn aus dem Wasser ziehen.

Der Hund schüttelte sich kurz und schwänzelte stolz um sein Herrchen und dann zogen wir, was für ein Bild, mit dem Gefangenen triefend nass durch die Fußgängerzone zurück zum Funkstreifenwagen.

Den zweiten Täter konnten wir Tage später auch festnehmen. Wir hatten nicht nur zwei Serientäter, sondern auch eine leichte Erkältung eingefangen. So Richter Brauni, wie beurteilst Du denn die Rechtslage?"

„Zunächst mal Glückwunsch zu dieser Aktion, Serientäter gefangen und Leben gerettet. Die Schlagzeile, Polizist rettet Hund und lässt Einbrecher ertrinken, hätte bundesweit eingeschlagen wie ein Torpedo. Ich will darüber jetzt nicht nachdenken.

Es war völlig richtig, den Hund den Einbrecher nachjagen zulassen, wozu haben wir denn die Polizeihunde. Normalerweise stellen die Hunde ihre Beute und beißen nicht sofort zu, so sind sie erzogen, aber ein Herzblutpolizeihund wie Racker stellt seine Beute auch im kalten Hochwasser. Vielleicht wollte er den Mann selbst retten. Aber mal ehrlich, keiner konnte damit rechnen, dass der Mann da rein springt. Diese Entscheidung hat er am Ende selbst getroffen, aber auch er hatte Angst, reagierte panisch und verlor die Kontrolle. Was muss das für ein Schock gewesen sein, eiskaltes Wasser, gefährliche Strömungen und dann springt der Hund noch hinterher.

Ich muss objektiv bewerten und unter diesem Gesichtspunkt muss ich Hein schon den Vorwurf machen, dass er den Mann hat treiben lassen und seinen Hund gerettet hat. Unterlassene Hilfeleistung ist das mindestens und vielleicht noch mehr. Der Polizist ist in dieser Situation in einer Garantenstellung. Er ist für das Leben des Mannes besonders verantwortlich. In diesem Falle hätte sich Hein bei der Abwägung Hund oder Mensch, trotz der emotionalen Bindung gegen seinen Hund und für den Menschen entscheiden müssen.

Das ist sicher auch eine Form von Gewalt im weiteren Sinne. Aber vielleicht hat Hein bei seiner Entscheidung ja auch einkalkuliert, dass Du, Lucci, den Mann retten wirst.

Ich versetze mich gerade in die Lage von Hein. Totaler Stress, keine Zeit mehr zum Nachdenken, Luftnot, kaltes Wasser, reißende Strömung und vor Dir Dein Hund, an dem Dein ganzes Herz hängt, der fast den Stellenwert eines Kindes einnimmt. Nein, kein Vorwurf, genau wie im Fall von Gusti, unter der Uniform verbirgt sich kein Roboter, sondern nur ein Mensch, mit all seinen Stärken und Schwächen.

Im Ergebnis haben beide überlebt und nur das bleibt letztlich haften, auch in der Gerichtsakte.

Respektlos

Polizeiberuf im emotionalen Grenzbereich:

Gewalt gegen Polizeibeamte, ein großes und schwieriges Thema, mittlerweile werden Statistiken geführt, um der Gesellschaft und vor allem der Politik mit belegbaren Zahlen die latenten, sich ständig steigernden Gefahren für die eingesetzten Polizeibeamten, vor Augen zu führen.

„Mittlerweile werden für Polizeibeamte verstärkt Seminare angeboten. In diesen werden Hintergründe zum Thema Emotionen und deren Beeinflussung sowie Bewältigungsmechanismen aufgezeigt. Es geht um Sinnhaftigkeit verschiedener Emotionen, um Emotionen im polizeilichen Einsatz, um Selbstreflexion in Bezug auf Angst. Trainiert werden verbale Selbstinstruktionen im Umgang mit Emotionen, Kontrolle der Atmung als selbstständige physiologische Beeinflussung oder auch Gedankenstopp als kognitive Bewältigung", resümiert Lucci lächelnd.

„Und ich bewerbe mich auf so Lehrgänge nicht, ich bekomme schon Aggressionsschübe, wenn ich das lese, wer soll das denn verstehen. Das ist vielleicht alles wichtig und richtig, aber die sollen das so beschreiben, dass ich das auch verstehe", schimpft Jupp.

„Ich rede jetzt nicht von bürgerkriegsähnlichen Zuständen im Umfeld von Fußballspielen, bei denen wir uns mit angeblichen Fußballfans, die letztlich nur gewaltbereite staats- und menschenverachtende Idioten sind beschäftigen müssen. Ich denke jetzt auch nicht an Demonstrationen, auf denen sich Rechts- und Linksradikale auf dem Rücken und mit der Polizei Straßenschlachten liefern.

Nein, es sind vor allem die alltäglichen Einsätze, nicht vorhersehbar, nicht planbar, überraschend und daher äußerst gefährlich. Es sind Familienstreitigkeiten und andere Alltagssituationen, bei welchen unkontrollierte Emotionen, Alkohol oder auch Gruppendynamik extremes Gewaltpotential gegen die einschreitenden Polizeibeamten entwickeln und diesen Beruf so gefährlich machen.

Davon handelt auch mein letzter Tatsachenbericht.

In unserer Stadt trieb eine Gang seit Jahren ihr Unwesen. Bürger und auch Polizisten wurden ständig eingeschüchtert, beleidigt und bedroht. In einer Spirale, angetrieben von Alkohol, Drogen und Gruppendruck, eskalierte die Sache.

Die berüchtigte Gang hatte es auf ein paar harmlose Jungs abgesehen.

10 Gangmitglieder gegen drei Jungs. Mutig nur in der Überzahl, Handeln aus der Gruppe, ein stückweit anonym und abgesichert.

Zwei Polizisten der Stadtinspektion kommen zufällig zum Ort des Geschehens. Über Funk fordern sie sofort Unterstützung an, konnten jetzt aber das Eintreffen der Verstärkung nicht abwarten, da die unschuldigen Jungs bis dahin krankenhausreif geschlagen worden wären.

Die beiden Kollegen mischten sich jetzt in das Geschehen ein, sicherten die drei Jungs und mit einem Male änderte sich die Situation. Die Jungs liefen vor lauter Angst davon und die Meute attackierte jetzt die Polizisten.

Völlig überraschend überwältigten sie einen der Polizisten, packten ihn von hinten, rissen dessen Pistole aus dem Halfter und kreisten mit der Waffe lachend und grölend vor dessen Gesicht.

Der Kollege, er hieß Jürgen, Vater von zwei Kindern und schon lange Jahre im Polizeidienst, war kreideweiß, die pure Angst war ihm ins Gesicht gemalt.

Der zweite Kollege schoss in die Luft und drohte laut schreiend an, die Schusswaffe jetzt auch gegen die Angreifer einzusetzen. Dies verschaffte dem Kollegen Luft, ein Teil der Gang lief davon, die zwei Haupttäter stürmten der herannahenden Verstärkung in die Arme. Beide wurden festgenommen.

Der Haftrichter hatte keine Gnade, beide wurden für lange Zeit aus dem Verkehr gezogen.

Einige Tage später besuchten Jürgen und sein Kollege mit ihren Frauen ein Restaurant in der Stadt. Mitglieder der Gang erkannten die beiden, schlugen ihnen mehrfach mit den Fäusten ins Gesicht und flüchteten.

Jürgen erwischte einen der Täter mit der Faust im Gesicht und verletzte diesen mit dem Ehering.

Zwei Tage später wurde die Gang mit einer gezielten Polizeiaktion gesprengt und die Täter wurden in Einzelzellen gesperrt.

Jürgen erkannte den Täter, der ihm zwei Tage zuvor vor dem Restaurant aufgelauert hatte anhand der Gesichtsverletzung. Außer sich vor Wut geleitet von Rachegelüsten schlich sich Jürgen unbemerkt in die Zelle, in der sich sein ganz besonderer Freund befand. Jürgen hatte seine Waffe im Waffenschrank verschlossen, so wie es auch vorgeschrieben ist, öffnet die Zellentüre und fordert mit hochrotem Kopf den Typen zum Faustkampf – Mann gegen Mann – auf.

Wir haben die Hilfeschreie des Gangleaders bis hoch zur Wache gehört und liefen in den Keller zur Gewahrsamszelle. Es war noch nichts passiert, zum Glück. Jürgen ging es besser, hatte er sich doch ein Stück Ehre zurückerobert.

So Brauni, hättest du in dieser Situation die Faust in der Tasche geballt oder…"

„Das ist eine extreme Geschichte, Pistole am Kopf, privat im Beisein der Ehefrau überfallen und dann plötzlich, alleine mit dem Aggressor, Mann gegen Mann.

Nein, ich glaube Jürgen hätte den nicht geschlagen, er holte sich wirklich nur ein Stück Ehre zurück und genoss die Genugtuung. Das ist okay und nicht verwerflich, naja, alleine in den Gewahrsam sollte er eigentlich nicht gehen, das würde ich jetzt nicht unbedingt unterschreiben, aber besondere Situationen fordern besondere Maßnahmen, auch erzieherische Maßnahmen. Nur bezweifle ich, dass der Gangleader das auch verstanden hat.

Aber bei der Gerichtsverhandlung gegen die Gang kann Jürgen mit aller Überzeugungskraft gegenüber dem Richter mit seiner Aussage das Strafmaß mit beeinflussen. Das dürfte dann ein Fall von später legaler Rache sein.

Wer den Beruf des Polizisten ergreift, der muss emotional sehr gefestigt sein und auch Extremsituationen, in welchen Leib und Leben gefährdet sind, körperlich und seelisch verkraften. Ein anspruchsvoller Beruf, der zum Glück, und dies ist für viele Polizeibeamte Motivation pur, innerhalb der Gesellschaft noch immer hohe Anerkennung erfährt.

Kapitel 14

Die drei freien Erholungstage nach dem Nachtdienst habe ich genutzt. Den ersten Tag habe ich verschlafen, den zweiten Tag habe ich vertrödelt und am dritten Tag habe ich mich gestresst, weil ich ja den Tag zuvor vertrödelt hatte. Aber das ist das Leid des Wechselschichtdienstes, nach den Nachtdiensten fordert der Körper seine Auszeit, je länger man diese unregelmäßigen Wechsel dem Körper zumutet, umso mehr Erholungsphasen fordert er ein. Wer dem Körper diese Phasen schuldig bleibt, dem hetzt er erbarmungslos seine Schuldeneintreiber auf den Hals, die da heißen: Schlaflosigkeit, Herzrhythmusstörung, Aggression, Depression usw.

Nun denn, jetzt ab zum Frühdienst, heute habe ich nicht getrödelt, ich bin schon recht früh dran.

Der Wassereimer

Die Erziehung zum Antialkoholiker:

„Und täglich grüßt das Murmeltier", denke ich, als ich wieder den Geruch der Dienststelle inhaliere und mit einem fröhlichen „Hallo" die Kollegen des Nachtdienstes erfreue, die mich umso lieber sehen, weil ich sie jetzt ja ablöse.

Aber heute grüßt kein Murmeltier, heute grüßt mich der Kollege Karlheinz in zivil und sein Freund und Streifenpartner Paul, der noch die Uniform trägt. Dies ist weiter auch nicht fürchterlich verwunderlich, aber das ständige Grinsen von Frank ist nicht alltäglich.

„Was ist los?", frage ich erstaunt.

„Ich habe gerade den stadtbekannten Alkoholiker Alex aus dem Gewahrsam entlassen", erklärt Frank. „Der hat mir unter Tränen gelobt, keinen Alkohol mehr zu trinken, er habe noch nie so deutliche Realitätsverluste erlitten, wie in der vergangen Nacht im Gewahrsam. Dann habe er noch unbewusst in die Zelle uriniert. Er schäme sich ohne Ende und entschuldigte sich bei uns allen."

„Frank, Dein Grinsen verrät mir, dass Ihr da an einer Stellschraube gedreht habt, dem habt Ihr sicher mal ordentlich den Kopf gewaschen", mich packt die Neugierde.

Frank schüttelt sich vor Lachen: „Kopf gewaschen, das ist gut, ja, Du hast das so ungefähr erraten.

Gestern Abend haben wir Alex aus seiner Stammkneipe abholen müssen. Er hat wie immer nach Alkohol gestunken und mit jedem gestänkert, der ihm zu nahe kam. Mit uns wollte er sich auch anlegen, damit hatte er dann eine freie Übernachtung in unserem polizeieigenen Hotel gewonnen. Wir haben da nicht lange gefackelt und ihn zügig und mit Nachdruck in die Zelle geschoben.

21.35 Uhr, Alex klingelt und verlangt seine sofortige Freilassung.

22.30 Uhr, Alex klingelt und schlägt und tritt in regelmäßigen Abständen gegen die Zellentür. Die Geduld der Kollegen des Nachtdienstes ist fast aufgebraucht.

23.45 Uhr, Karlheinz plant seine kleine Gedankenpause im Spindraum, verbunden mit Rückenschule und einer kleinen Relax Party im Schlafsack.

00.30 Uhr, während Alex mit großer Geduld weiter klopft und klingelt, verliert Karlheinz dieselbe. Er schmiedet einen Plan, den er zusammen mit Paul und mir umsetzen will. Wenn Alex jetzt wieder klopft, dann soll Paul schnell die Zellentüre aufreißen, Karlheinz stellt sich mit einem gefüllten Eimer Kaltwasser vor dieselbe und dann bekommt Alex den Kopf gewaschen, das Gemüt gekühlt und Karlheinz endlich seine Ruhe. Ich bin als eiserne Reserve eingeplant.

00.45 Uhr, auf Alex ist Verlass, er klopft wieder und der Plan wird umgesetzt. Paul reißt die Türe auf, im Raum an der Türe steht Alex, völlig überrascht.

Es bleibt keine Zeit, sonst ist ja der Wasserüberraschungsangriff zum Scheitern verurteilt. Wie geplant holt Karlheinz mit dem Eimer Schwung, hebt den Eimer, zielt genau auf den Kopf von Alex und…

00.46 Uhr, … bekommt Gewissensbisse, mitten im Schwung, die Arme bereits hoch oben und ausgestreckt, zieht Karlheinz zurück, nicht bedenkend, dass zwar der Eimer seine Umkehrbewegung mitmacht, aber das Wasser jetzt eine Eigendynamik entwickelt.

So ergießt sich das Wasser anstatt über Alex von oben über den Kopf von Karlheinz, der nun triefend nass vor der Zelle in einer Pfütze steht.

Geistesgegenwärtig knallt Paul die Türe zu. Ich biege mich vor Lachen, Karlheinz ist jetzt ganz ruhig, kein Wort, nur stillschweigende Flucht in den Spindraum. Nach zehn Minuten wagt er sich unter die lachende Meute, in zivil, die Uniform hat er zum Trocknen aufgehängt."

Es stimmt, Schadenfreude ist sehr intensiv, wir haben sie lange genossen. Frei nach dem Motto „Alles hat einen Sinn", resümieren wir.

„Die Aktion von Karlheinz war erfolgreich, zumindest, was das Verhalten von Alex betrifft. Er war ab sofort ruhig, legte sich auf die Pritsche und schlief bis heute Morgen durch. Darüber hinaus ist Alex nicht nur in sich gegangen, sondern ist auch von der Aktion derart beeindruckt, dass er zum ersten Male glaubhaft überdenken will, seinen Alkoholkonsum drastisch zu verringern. Dies hat er zumindest angedeutet, als ich ihn heute Morgen aus der Zelle holte."

Frank musste noch immer lachen.

„Was hat denn der Alex zu der Aktion gesagt?", will ich wissen.

„Der schilderte mir leise und verängstigt, dass er heute Nacht die Vorstellung hatte, dass sich einer der Polizisten einen Eimer Wasser vor seinen Augen über den Kopf geschüttet hätte, dann hätte er ja auch noch eine nasse Zelle gehabt."

Ich habe ihm dann noch erklärt, dass er selbst in die Zelle uriniert hätte, und wir mit einem Eimer Wasser die Sache wieder bereinigen mussten. Das war wie zwei auf einen Streich, Karlheinz hatte mit einem Eimer Wasser gleich zwei Köpfe gewaschen.

Er hat übrigens zwei Kisten Bier für den Fall ausgelobt, wenn wir die Sache für uns behalten", grölt Frank.

„Und?", frage ich.

„Wir haben abgelehnt", platzt Paul dazwischen.

„Wer solche Kollegen hat, braucht keine Feinde", grinst Karlheinz, der zum Glück über sich selbst lachen kann.

Die Entführung

Eine peinliche Rettung:

Mittlerweile sind sie alle da, auch Jupp, Olaf Peter, Loreley, Michael und Lucci.

Die Sache mit dem Eimer Wasser ist schon durchgesickert und flößt dem kompletten Frühdienst gute Laune ein. Der Kaffee ist gekocht, jeder hat sein individuelles Frühstück ausgebreitet und, welch ein Wunder, die Zeitungen bleiben unberührt. Es ist wieder Geschichtenzeit, kein Jägerlatein, keine Baronaden von Herrn Münch aus Hausen, vielleicht ein paar kleine Übertreibungen, aber es bleiben Tatsachenberichte.

Olaf fängt an: „Es ist oft der Alkohol, es sind meist kleine Fehler der Polizisten, es sind meist Zufälle und unglückliche, vielleicht auch letztlich glückliche, Umstände, die so manche Geschichten diktieren. Die nun Folgende ist geradezu ein Paradebeispiel dafür.

Kollegen haben einen randalierenden alkoholisierten Mann, den Herrn Durst, der als Tourist in der Gegend verweilte, festgenommen und zur Ausnüchterung in den Gewahrsam gesteckt. Das kam auf dieser Dienststelle sehr selten vor, vielleicht war dieser Umstand ursächlich für den ein oder anderen kleinen Fehler. Der Mann wurde in die Zelle geschoben, was er nur widerwillig über sich ergehen ließ. Dann krachte die Tür ins Schloss, der Riegel fiel und das Unheil nahm seinen Lauf.

Die Kollegen hatten den Mann nur locker durchsucht und bemerkten daher nicht, dass er in seiner Gesäßtasche ein Handy trug.

Nach einer Stunde sammelte der Mann in seiner Zelle den Rest seiner Sinne, den der Alkohol nicht angetastet hatte und startete aus seiner Zelle eine folgenschwere Befreiungsaktion.

Billig und effektvoll ist dabei der Polizeinotruf, so wählte der Mann die 110.

Dem Kollegen auf der Einsatzleitstelle, der diesen Notruf bearbeitete, schilderte der Mann leise, dass er entführt wurde, von mehreren Männern, die auch bewaffnet sind, dass sie ihn in ein dunkles Verlies gesperrt haben.

Den Ort kenne er nicht, dann macht er noch deutlich, dass er total dankbar ist, dass ihm die Polizei hilft.

Es wurde vereinbart, dass man das Telefonat jetzt beendet, damit den Entführern nicht auffällt, dass er mit dem Handy Außenkontakt hat. Er solle aber das Handy auf Empfang lassen, damit es geortet werden kann.

Schnell erfolgte die Ortung und das Sondereinsatzkommando der Polizei, bis unter die Zähne bewaffnet, wurde aus der Bereitschaft gerufen, um sich jetzt für die anstehende Befreiungsaktion zu rüsten.

Wie es der Zufall wollte, war eine Polizeidienststelle im Ortungsbereich. Diese Dienststelle wurde nun als Einsatzzentrale festgelegt. Mit einem kurzen Telefonat wurden auch die Kollegen der Dienststelle über die Aktion in Kenntnis gesetzt. Es dauerte eine Weile, bis der Kollege begriff, dass ihr Gefangener diese Polizeiaktion ausgelöst hatte. Nach kurzer hektischer Beratung entschlossen sich die Kollegen, den peinlichen Vorfall wahrheitsgemäß aufzuklären. Ehrfurchtsvoll erklärte der Wachhabende der Einsatzzentrale, dass man das Sondereinsatzkommando der Polizei nicht braucht, da man die Sache bereits selbst geklärt habe, der Mann würde jetzt aus dem Polizeigewahrsam befreit. Kleinmütig musste er dann zugeben, dass sie den Mann nicht ordnungsgemäß durchsucht hatten.

Dann öffneten die Beamten die Zellentüre und der Eingesperrte sprang den erstbesten Polizisten an, drückte und küsste ihn und lobte die gute Arbeit der Polizei.

„Danke meine Polizei, meine Freunde und meine Helfer."

Als die Kollegen den Mann dann darauf aufmerksam machten, dass sie ihn doch festgenommen hatten, wurde dem Mann die Situation langsam klar, und er frohlockte: „Da habe ich Euch aber in eine beschissene Lage gebracht, ich denke, jetzt sind wir quitt."

Der Banküberfall

Ein Raub mit lustigen Folgen:

Loreley meldet sich zu Wort: „Ich erzähle jetzt auch mal eine Story aus meinem Fundus, der natürlich nicht so umfangreich wie der von Euch Alten ist, aber immerhin, ich sammle.

Ich durfte mal für ein paar Tage bei der Polizeihubschrauberstaffel hospitieren. Das war hochinteressant, und ich hatte das Glück, auch ab und zu mitzufliegen. Ein solches Praktikum sollte jeder Polizist mal mitgemacht haben, es dient eindeutig einer besseren Einsatzbewältigung im Ernstfall, wenn Bodentruppen und Luftpersonal aufeinander eingespielt sind."

„Liebe Loreley, Du solltest langsam mal auf den Punkt kommen und keinen Vortrag halten", lästert Jupp.

„Wenn ich noch mal auf die Welt komme, dann werde ich auch Arschloch", kontert Loreley etwas derb. Aber sie geht als Gewinnerin dieses kleinen verbalen Schlagabtausches hervor. Beifall und Gelächter der Kollegen bestätigen dies.

„Wir Frauen müssen uns in dieser harten Männerwelt erst etablieren und von Kräften wehren", erklärt Loreley, und sie hat Recht.

„Ich fahre nun fort. An einem schönen Sommertag wurde in einem kleinen Dorf in der Eifel eine kleine Zweigstelle einer großen Bankenkette überfallen. Der Polizeihubschrauber befand sich im Nahbereich.

Eine Polizeistreife aus der Stadt verirrte sich bei einem kleinen Landausflug in das Dorf, in dem gleich der Überfall stattfinden sollte.

Was war bis dahin passiert?

Der Täter, ein alkoholabhängiger Mann aus dem Nahbereich, fuhr mangels Pkw und Führerschein mit dem Fahrrad zur Bank. Seine braune Aktentasche klemmte auf dem Gepäckträger. Er griff in seine linke Hosentasche und schob eine Strumpfmaske heraus. Die hatte er sich selbst zurechtgeschnitten, da er ja nicht erkannt werden wollte. Etwas aufgeregt und mit einer Pistolenattrappe bewaffnet, betrat er die Bank.

Es war kein Kunde in der Bank, die Bankangestellte war alleine. Der Zeitpunkt ideal.

„Geld her oder ich schieße, das ist ein Banküberfall", flüstert der Täter.

Vor lauter Aufregung hat es ihm fast die Stimme verschlagen, seine Hand zittert.

Die Bankangestellte blieb ganz cool, nahm einen großen Beutel, steckte ein paar zehn Euro-Scheine hinein und warf sie dem Täter vor die Füße.

Der war mit seiner Beute wohl zufrieden und verließ mit einem freundlichen „Dankeschön" die Bank.

Von draußen hat ein Junge den Überfall beobachten können und brachte jetzt den Plan des Täters vollends durcheinander. Der Junge versteckte das Fahrrad.

Panisch suchte der Bankräuber sein Fluchtfahrzeug, vergeblich. Es blieb nur eine Möglichkeit. Er hielt einen vorbeifahrenden Traktor an, drohte dem Fahrer, einem in die Jahre gekommenen Mann mit seiner Waffe. Der Mann stieg seelenruhig ab und los ging die rasende Flucht.

Naja, rasend ist jetzt übertrieben, der Traktor war auf maximal 20 km/h gedrosselt.

Mittlerweile hatte die Bankangestellte den Alarm betätigt und seitens der Polizei wurden nun die entsprechenden taktischen Maßnahmen eingeleitet.

Die Besatzungen des Polizeihubschraubers und des Streifenwagens, der sich auf Landausflug befand, hörten die Funkdurchsage mit.

Innerhalb einer Minute war das Bodenpersonal an der Bank, der mutige und clevere Junge führte die Kollegen zum Fahrrad. In der braunen Tasche war der Ausweis des Täters, er hieß mit Vornamen Karl. Die Identität des Täters stand fest und die Information wurde an alle gesteuert. Die Besatzung im Hubschrauber kreiste mittlerweile über dem „rasenden" Traktor.

Mit Hilfe des Außenlautsprechers wurde der Bankräuber auf seinem Traktor angesprochen:

„Karl halte doch mal bitte kurz an, wir haben da was zu klären."

Völlig überrascht über die direkte persönliche Ansprache fuhr Karl rechts ran.

Schnell rollte ein Streifenwagen dazu, Karl ging mit erhobenen Händen kopfschüttelnd zu den Kollegen und stammelte:

„Woher um Gottes Willen wisst Ihr meinen Namen?"

Karl hatte sich Mut angetrunken, 1,4 Promille.

„Ich habe doch alles so gut geplant. Aber gut, dass Sie jetzt da sind. Ich möchte nämlich noch eine Anzeige erstatten", sagte Karl.

„Was willst Du denn jetzt noch anzeigen?", lachte der Polizeibeamte.

„Es herrscht doch kein Sinn mehr für Gerechtigkeit in diesem Lande, nur noch Verbrecher sind hier unterwegs. Mir wurde mein Fahrrad gestohlen, und das will ich jetzt anzeigen. Ich komme auch mit zur Wache", bricht es aus Karl heraus und steigt in den Streifenwagen. In der Plastiktüte ist seine Beute: insgesamt 40 Euro.

Schattengesellschaft

Ohne Regeln geht es nicht:

Jupp, bzw. der Notruf, unterbricht die fröhliche Frühstücksrunde.

„Am Bahnhof gibt's Zoff unter den Pennern", grinst Jupp. Das sind seine Momente, er gönnt uns zwar nicht, dass wir jetzt in den Einsatz fahren müssen, aber er freut sich tierisch, dass er die Sache delegieren darf und nicht selbst raus fahren muss.

Ich schaue Lucci an und stillschweigend akzeptiert er, dass ich den Einsatz doch gerne fahren würde.

Als wir aus dem Hof der Polizeidienststelle fahren, sehen wir noch beiläufig, wie Jupp einem Mann durch das Fenster ein dickes Telefonbuch zeigt.

„Was soll denn das?", frage ich Lucci verwundert.

„Ach das ist kein Problem, da hat sich sicher wieder der lästige alte Trunkenbold zur Polizei verirrt, um sich zu beschweren. Jupp ist da auch sehr konsequent. Dieser alte Stalker, der immer mal wieder vorbeikommt, um sich über Gott und die Welt zu beschweren, kennt noch das Ritual der damaligen Altstadtwache."

„Was für ein Ritual?", hinterfrage ich interessiert.

„Vor vielen Jahren klopfte ein Polizeibelästiger immer mal wieder am Rollladen der Altstadtwache. Er wollte sich schon wieder beschweren. Der Wachhabende, der seine Ruhe haben wollte, versuchte den beharrlich schimpfenden Mann zu beruhigen, der wurde jedoch zunehmend aggressiver. Letztlich verlor auch der Polizist die Geduld und fragte den Unruhestifter, ob er denn das Beschwerdebuch holen solle. Dieser war mit dem Vorschlag einverstanden, wartete vor dem Fenster, dann kam der Polizist mit dem dicken Telefonbuch und erklärte:

„Hier ist dein Beschwerdebuch!"

Gleichzeitig schlug er ihm das Buch kurz hinter die Ohren, woraufhin der Nörgler davonwackelte.

Die Beschwerde hatte sich damit erledigt. Diese Aktion hat sich schnell, obwohl es noch kein Internet gab, rumgesprochen und die Beschwerdehäufigkeit nahm merkbar ab."

Wir kommen am Bahnhof an. Hier sitzen die, die immer da sitzen, die Obdachlosen, die Drogenabhängigen, die die ihnen die Drogen verschaffen, Schulschwänzer und viele mehr. Überwiegend ungepflegte arme Seelen, Seelenverkäufer, Alkoholiker und welche, die es noch werden wollen.

Einer der Männer kommt auf uns zu.

„Ihr könnt wieder fahren, die haben sich wieder beruhigt", erklärt er.
„Was war denn überhaupt los", frage ich neugierig.

„Ach wissen Sie Herr Wachtmeister, wir sind doch eine recht große Obdachlosengruppe. Wir haben da auch eigene Strukturen und Hierarchien für die verschiedensten Lebenslagen. Da wird schon klar festgelegt, wer wo schläft und den aktuellen Fall betreffend, wer mit wem schläft. So hat Sam der Bärtige, der sich dort hinten auf der Bank gerade eine Zigarette dreht, seit ein paar Tagen die neben ihm sitzende etwas in die Jahre gekommene Frau, zur Freundin. Sie besorgt es ihm und dafür besorgt er ihr Medizin in Form von Lambrusco oder Korn. Er nennt sie liebevoll „seine kleine Naschkatze".

Heute Nacht ist seine kleine Katze jedoch fremdgegangen, im Grunde ein Tausch- oder Beziehungsgeschäft im Kampf um das tägliche Überleben, wie es in der Szene immer wieder mal vorkommt.

Sam hatte aber ein Problem damit, weil er Besitzansprüche geltend macht, da er ja gestern Abend eine Flasche Lambrusco in die Beziehung investiert hatte."

„Alles okay, alles kein Problem", stößt jetzt Sam mit seiner verrauchten und versoffenen Stimme dazu.

„Aber das war doch deine Freundin", provoziert Lucci.

„Ja das stimmt, das ist sie ja auch immer noch. Sie hat mir erklärt, dass ich ja immer als erster ran darf", klärt uns der Bärtige auf.

„Ach so, ja aus diesem Blickwinkel kann man das auch betrachten", grinst Lucci, und wir setzen unsere Streife fort.

Eher mitleidvoll unterbricht Lucci seine kurze Gedankenpause:

Es sind genau diese Begebenheiten, die ich nie wirklich begreifen werde, weil sie doch von unserem Sozialverhalten meilenweit entfernt sind. Unser eigentlich ganz gut funktionierendes Sozialsystem erreicht die nicht. Die wollen sich doch nicht sozialisieren lassen. Sie unterliegen dem Trugschluss, dass Alkohol und Drogen deren sozialen Absturz abfedern. Vielleicht kurzfristig, aber letztlich wird es immer schmerzhafter, tragischer und tödlich.

„Alkohol macht Birne hohl, Alkohol und Drogen machen krank und verlogen", pflichte ich Lucci bei.

Der Verräter

Die Wahrheit kommt ja doch ans Licht:

Dieser Einsatz ist beendet, irgendwie verkehrte Welt. Wirken doch die im Schatten der Gesellschaft Lebenden mit ihrer eigenen Gesellschaftsordnung zufriedener, als die eingesetzen Beamten.

Aber das soll uns nicht lange beschäftigen, weil völlig unerwartet ein Pkw seitlich neben dem Streifenwagen anhält. Am Steuer sitzt eine ca. 50-jährige, sehr gepflegte Frau. Etwas behäbig, aber mit deutlichem Hochdeutsch spricht sie uns durch das geöffnete Fenster der Fahrertüre an:

„Entschuldigen Sie bitte meine Herren, Sie würden es ohnehin feststellen. Es tut mir außerordentlich Leid, aber ich habe meinen Führerschein zu Hause liegen lassen."

Wir schauen uns überrascht an, eigentlich hatten wir keine Verkehrskontrolle geplant.

„Dann fahren wir mal mit Ihnen nach Hause und dort zeigen Sie uns dann Ihren Führerschein," entscheidet Lucci.

Sie fährt los, wir folgen. Etwas langsam, aber doch sicher lotst sie uns zu ihrer Wohnanschrift.

„Die Frau fährt doch ganz gut, die wird sicher einen Führerschein haben" prognostiziere ich.

„Wer weiß, ich habe zwar noch keine Pferde vor der Apotheke kotzen sehen, aber lassen wir uns überraschen" entgegnet Lucci.

Wir erreichen ein tolles Anwesen, fahren in eine Art Park und landen vor dem Wohnhaus.

Die Frau steigt gerade aus ihrem Pkw, als sich zeitgleich ein Fenster im ersten Stock öffnet.

„Haben die Dich alte Suffkuh endlich erwischt!" erschallt es zu uns runter. Es ist wohl die Tochter.

Olaf und ich schauen uns schon wieder überrascht an. Wir bereiten einen Atemalkoholtest vor.

„Ich denke, dass wir Sie aufgrund der Umstände vielleicht blasen lassen", ordnet Olaf an.

„Hallo liebes Töchterlein!" ruft sie hoch zum ersten Stock", hast Du gehört, ich soll blasen. Könntest du mir bitte mal meine Knieschoner runter werfen".

Irgendwie eine lustige Auslegung der Aufforderung Lucci`s , aber aus der Situation kommen beide nicht mehr raus. Ergebnis: 3,2 Promille, am hellichsten Tag.

Ein drittes Mal schauen wir uns überrascht an. Die Frau ist hochachtungsvoll, und wir müssen mit voller Hochachtung anerkennen, dass die Frau gut trainiert und geeicht ist und uns gegenüber ihren unglaublichen Alkoholpegel bravorös verborgen hat.

Ohne diesen unüberlegten Verrat der Tochter hätten wir diese Trunkenheitsfahrt nie bemerkt. Eine höhere Gewalt hatte es vorgesehen, diese Frau als Fahrzeugführerin aus dem Verkehr zu ziehen.

„Ich hatte wohl recht Lucci, die Frau hat einen Führerschein," grinse ich.

„Ja, bis vor einer Minute. Jetzt nicht mehr," Lucci lacht nun auch.

Der Rest ist Routine. Verbringung der Frau zum Krankenhaus, Entnahme der Blutprobe durch einen Arzt, Beschlagnahme des Führerscheines und wie immer schreiben, schreiben, schreiben.

Die bösen Lebensretter

Menschenkenntnisse in jeder Rettungslage zeichnen sich aus:

„Fliegt sofort in die Hauptstraße 18, dort brennt wohl ein Wohnhaus. Die Feuerwehr ist verständigt, DRK rollt mit", Jupps Stimme ist etwas lauter, angespannter, und er benutzt das Code-Wort „fliegt", das heißt nur eins, Gas geben.

Und Lucci gibt Gas, weil es hier um Leben oder Tod gehen kann, weil Menschen noch im Haus sein können, weil wir auch schneller wie die Feuerwehr vor Ort sein können, weil Sekunden entscheidend sind.

Meine Knie zittern, wie immer bei Einsatzfahrten, höchste Konzentration ist gefragt, auch für den Beifahrer. Lucci hat das Auto im Griff, gut dass wir regelmäßig ein Fahrsicherheitstraining absolvieren dürfen.

Wir kommen an, aus einem Fenster im zweiten Stock dringt Qualm. Lucci parkt den Funkstreifenwagen so, dass er zwar warnt, aber nicht stört. Es muss Platz für Feuerwehr und Rettungsdienst bleiben.

Vor dem Haus auf der Straße steht eine größere Personengruppe, es sind fast alle Hausbewohner, aber eben nur fast alle.

„Müller, der Alkoholiker ist noch oben!", schreit uns einer zu, „alle anderen sind draußen!"

„Du bleibst hier, dass ist zu gefährlich. Informiere Du die Feuerwehr, dass ich da hoch bin und den Dummkopf da raus hole", befiehlt Lucci.

„Nein, nein, das mach ich nicht, ich begleite dich", verweigere ich zum ersten Mal den Gehorsam.

Wir laufen los. Einer der Mitbewohner sichert uns zu, dass er die entsprechende Information an die Feuerwehr weiter gibt.

Natürlich ist das gefährlich, was wir hier tun. Wir riskieren zumindest eine Rauchvergiftung, eine toxikologische Vergiftung, die z.B. durch verbrannten Kunststoff hervorgerufen werden kann oder durch eine Verpuffung. Mensch mir gehen jetzt aber alle Szenarien durch den Kopf. Lucci ist noch flott. Das Treppenhaus ist bis zum ersten Stock rauchfrei. Wir können normal atmen. Doch als wir die letzten Stufen zum zweiten Stock erklimmen liegt Rauch in der Luft. Wir sind außer Atem, der Körper verlangt

Sauerstoff, der wird aber in der Luft von den Stickstoffen verdrängt. Lange will ich das jetzt nicht einatmen. Lucci erreicht die Wohnungstüre, er ringt nach Luft.

„Herr Müller öffnen Sie die Türe, kommen Sie raus, es brennt doch bei Ihnen", entlaste ich Lucci, der mich zur Seite drückt, Anlauf nimmt und die Türe mit einem Tritt aus den Angeln hebt.

In der Wohnung brennt der Herd, daneben steht Herr Müller und beschwert sich merklich alkoholisiert:

„Was soll das, könnt Ihr nicht anklopfen, ich hab alles im Griff."

Mit einem Wassereimer steht er vor dem brennenden Herd und will löschen. Am Küchenschrank läuft schon der weiße Lack, die Dämpfe im Raum sind jetzt schon hochgiftig. Uneinsichtig weigert sich der Mann, die Wohnung zu verlassen.

„Wir retten Ihr Leben, ob Sie wollen oder nicht", brüllt Lucci.

Es wird Zeit, die Luft wird immer beißender. Lucci greift sich den Mann, und gemeinsam schieben wir ihn aus der Wohnung direkt ins Treppenhaus. Wir ziehen ihn runter auf die sichere Straße.

Im Treppenhaus kommt uns die Feuerwehr entgegen.

„Das hat Folgen, ich werde Sie anzeigen", hustet der Mann uns zu.

Auch wir müssen husten, und es besteht der Verdacht einer Rauchgasintoxikation.

Wir lehnen unvernünftiger Weise eine medizinische Versorgung ab, während Herr Müller ins nahegelegene Krankenhaus gebracht wird.

„Schon wieder dieser scheiß Alkohol", reagiert sich Lucci ab, „nichts arbeiten wollen, die Stütze versaufen und dann noch die Bude in Brand stecken. Wir Idioten riskieren für den noch unsere Gesundheit, ich könnte kotzen!"

So sauer habe ich Lucci noch nicht erlebt, aber es tut ihm gut, sich so abzureagieren.

Der Brand ist schnell gelöscht, der Einsatz beendet.

Herr Müller wird tatsächlich Anzeige wegen Hausfriedensbruch, Sachbeschädigung und Körperverletzung im Amt gegen uns stellen. Diese Anzeige wird zum Glück eingestellt und der Polizeipräsident wird uns mit frommen Worten belobigen:

„Undank ist der Welten Lohn, aber mich hat es gefreut, zu hören, dass Sie trotzdem Ihre positive Dienstauffassung nicht verloren haben. Durch Ihren beherzten Einsatz haben Sie in positiver Art und Weise das Ansehen der Polizei verbessert. Gott sei Dank ist Ihnen nichts passiert. Auch Polizisten brauchen Schutzengel."

Als Polizist im „Dienst auf der Straße" hat man es nicht immer leicht, das ist mir klar geworden. Man kann ja noch nachvollziehen, dass Straftäter, denen wir dicht auf den Fersen sind, keinen allzu großen Wert auf unser „Serviceangebot" legen. Aber dass diejenigen, deren Haut wir im wahrsten Sinne des Wortes retten wollen, sich sträuben und sogar noch Beschwerdebriefe schreiben, ist dann doch eher ungewöhnlich.

Dieser Einsatz wird in der Presse positiv bewertet, keine Schlagzeile wie „Polizei prügelt Mann aus seiner Wohnung."

Lucci, der nun schon viele Jahre diesen Beruf auslebt, hat schon länger die Befürchtung, dass Teile der Presse mit dem Streben nach Einfluss- und Auflagensteigerung, durch Vernebeln und Manipulieren, ihrem so bedeutenden Auftrag in einem demokratischen Rechtsstaat, für unsere Werte einzustehen und zu kämpfen, die Bodenhaftung verlieren.

Zurück auf der Dienststelle begrüßt uns Jupp: „Gute Arbeit, aber bitte nicht mehr auf so viel Risiko gehen, das geht auf Dauer nicht gut. Schreibt gerade das Notwendigste und dann macht Ihr Feierabend. Geht am besten zusammen spazieren und genießt die frische Luft, damit sich Eure Lungen wieder erholen."

Er meint es gut, und wir nehmen das Angebot auch an.

„Wir sehen uns morgen zum Spätdienst", ruft Lucci und verschwindet. Der gemeinsame Spaziergang entfällt.

Ich fahre nach Hause, werfe meine verrauchten Klamotten auf den Balkon, lasse mir ein Bad ein und relaxe. Ein Teil des Schmutzes, der an Körper und Geist nagt, wird durch den Abfluss gespült und verschwindet letztlich in der Kläranlage. Im Laufe der vielen Dienstjahre reicht aber das reinigende Bad nicht mehr aus. Die Kollegen schleppen den Dreck zeitlebens in ihrem Gepäck mit, bis bei dem einen oder anderen irgendwann Seele und Körper kapitulieren.

Dies ist kein Problem der Polizei allein, viele andere Berufe brauchen auch ein reinigendes Seelenbad. Wenn das die Gesellschaft erkennt, wenn wir alle, Politik, Presse und jeder einzelne in den sozialen Netzwerken dem Bad dieser Berufsgruppen eine Brise Verständnis und Mitgefühl als Badezusatz beigeben, dann entspricht das Bad dem Reinheitsgebot unserer zivilisierten Gesellschaft.

Sucht ohne Ende

Wenn der Alkohol die Wirklichkeit trübt:

Ich fahre zum Spätdienst. Auf dem Weg zur Dienststelle mache ich noch schnell ein paar Besorgungen, das ist auch ein Vorteil des Wechselschichtdienstes insbesondere des Spätdienstes, der in aller Regel ja mittags erst beginnt. Es bietet sich die Möglichkeit, noch vor dem Dienst Behördengänge zu erledigen oder Einkäufe zu tätigen. Zeitlich wird es eng, ich muss mich beeilen, ich habe die Zeit doch falsch eingeschätzt. Ich komme eine Minute zu spät.

Jupp schaut auf die Uhr: „Des Beamten Pünktlichkeit ist ...“

„Ist ja schon gut, tut mir leid“, entschuldige ich mich.

„Quatsch!“, sagt Jupp, „Ist kein Problem.“

Er wendet sich dann wieder einem älteren Pärchen zu, welches kurz vor mir auf der Wache erschien.

„Was kann ich denn für Sie tun?“, spricht Jupp die beiden an.

„Mein guter Herr“, beginnt nun der Mann seine Rede, „ich bin zusammen mit meiner Frau mit einem Taxi hier vorgefahren. Wir möchten meinen Fahrzeugschlüssel abholen. Sie müssen wissen, dass ich gestern Abend etwas zu viel getrunken hatte. Leider musste ich eine Blutprobe über mich ergehen lassen und mein Führerschein wurde auch einbehalten.“

„Das stimmt“, bestätigt Jupp, „Sie haben ja auch mit 2,8 Promille mal so richtig tief ins Glas geschaut. Ich habe den Eindruck, dass Sie auch jetzt noch nicht nüchtern sind, der ganze Flur steht im Alkoholdampf.“

„Ihr Eindruck ist etwas übertrieben aber richtig, Sie sind ja auch ein erfahrener Beamter. Aber aus diesem Grunde habe ich meine liebe Ehefrau mitgebracht. Sie soll den Fahrzeugschlüssel in Empfang nehmen.“

„Ja, liebe Ehefrau, das wäre ja jetzt kein Problem, wenn ich nicht feststellen müsste, dass Ihre Atemluft auch etwas mit Alkohol geschwängert ist, das ist aber auch nicht verwunderlich, wenn Sie sich über einen längeren Zeitraum im Dunstkreis Ihres Ehemannes aufgehalten haben“, stellt Jupp fest.

„Oh, das kann nicht sein, ich habe nur einen winzigen Schluck Sekt zum Frühstück getrunken", lenkt die Frau spontan ein, „Ich bestehe auf einen Alkoholtest, da kommen und das versichere ich ihnen, maximal 0,2 Promille raus."

Ich habe in der Zwischenzeit den Atemalkoholtest vorbereitet und reiche diesen der Frau. Sie bläst kräftig in das Gerät und nach kurzem Warten: 2,91 Promille.

Wortlos verlässt das Albtraumpaar die Wache, steigt in ihr Taxi und fährt davon. Zurück bleibt eine Alkoholdunstglocke, die sich nur durch Öffnen aller Fenster langsam verzieht.

Jupp grinst und reimt: „Die beiden trinkfreudigen Herrschaften werden ihren Pkw verkaufen und das Geld alsbald versaufen."

In diesem Fall ist übrigens genau das eingetreten.

Zeugnisverweigerungsrecht

Juristisch schreiben und argumentieren will gelernt sein:

Jeder Kollege hat ein Fach, in dem sich seine Vorgänge stapeln. Genau vor diesem Fach steht Loreley und beginnt zu lachen.

„Ich habe letzte Woche wegen der Ermittlungen aufgrund eines Geschwindigkeitsverstoßes eine Zeugenanhörung an den Halter geschickt. Heute nun kam dieser Anhörbogen zurück und folgendes ist niedergeschrieben:

Der Verkehrsverstoß wird nicht zugegeben, da ich nicht selbst gefahren bin. Ich muss Ihnen die Personalien des verantwortlichen Fahrers nicht mitteilen und werde als Zeuge die Aussage verweigern, weil meine Frau gefahren ist.

Wie heißt du?

Oh, Mann:

Olaf studiert den Polizeikurier, der alle drei Monate erscheint.

„Leute hier steht folgendes geschrieben:

Ein junger Mann rief bei der Rettungsleitstelle an: „Guten Abend, ich bräuchte dringend einen Rettungswagen für meine Freundin. Ihr geht's irgendwie nicht gut." Der Notruftelefonist geht das einstudierte Abfrageschema durch und beruhigt den Anrufer:

„Der Wagen ist schon auf dem Weg zu Ihnen. Für unsere Unterlagen benötige ich jetzt noch den Namen Ihrer Freundin."

Der Anrufer hält die Hand vor den Hörer, bittet um etwas Geduld und man vernimmt leise folgende Frage:

„Schatz, wie heißt Du noch mal?"

Kommissar Zufall

Das Glück und die spontane Präsenz, einen Einsatz abzuwickeln, führen zum Erfolg:

Der Spätdienst verläuft ruhig, ruhig lassen auch Lucci und ich unsere Streife angehen.

„Brauni, lass uns ein wenig übers Land fahren, nach den Ereignissen der letzten Tage haben wir es uns verdient, einmal abzuschalten", seufzt Lucci.

Wir sind schon länger unterwegs, langsam wird die Dämmerung von der Dunkelheit abgelöst.

„Brauni, hier in der Gegend gab es mal einen suizidalen Keiler, der hatte es auf Pkw der Marke BMW abgesehen. Dieses Kamikazeschwein hat gleich fünf BMW demoliert und einen volkswirtschaftlichen Schaden von mehr als 100.000 Euro verursacht. Der sechste Selbstmordversuch war dann endlich erfolgreich."

Lucci hat seinen Satz gerade beendet, da springt urplötzlich ein Mann auf die Straße und hebt die Hände in die Höhe. Lucci kann gerade noch Bremsen.

„Ja spinnst Du denn, bist Du denn lebensmüde", brüllt Lucci.

Wir springen aus dem Funkstreifenwagen, ziehen vorsorglich unsere Pistolen und gehen auf den Mann zu.

„Ich ergebe mich, ich stelle mich, Ihr habt gewonnen, legt mir die Handschellen an", fleht der Mann.

„Wieso denn um Gottes willen?", wundert sich Lucci.

Der Mann übergibt mir seinen Personalausweis, ich klettere in den Streifenwagen, um die Person über Funk zu überprüfen. Der Funk ist aus, wir haben den seit Stunden überhaupt nicht eingeschaltet.

Ich geh zu Lucci und beichte ihm diese Neuigkeit.

„Ruf Jupp mal mit dem Handy an, da ist was faul", bittet Lucci.

Ich rufe an und erkläre Jupp die Situation.

„So, Ihr macht jetzt folgendes, schalte erst mal den Funk an, dann legt Ihr dem Mann die Handschellen an. Jetzt setzt Ihr Deppen den in den

Streifenwagen. Wenn Ihr das geschafft habt, und das traue ich Euch noch zu, dann meldet Ihr Euch über Funk bei der Nachbardienststelle und teilt denen mit, dass Ihr den Ausbrecher gefangen habt und ihn jetzt zu deren Dienststelle bringt."

„Was für einen Ausbrecher", bohre ich nach.

„Der, nach dem die halbe Welt seit einer Stunde sucht und Ihr tauben Hühner fahrt den fast über den Haufen", schimpft Jupp.

„Ich hoffe ja, dass Ihr nicht so naiv seid, Eure Dummheit den Kollegen der Nachbardienststelle auf dem Tablett zu servieren, macht was daraus", motiviert Jupp.

Wir legen dem Ausbrecher die Handfesseln an, platzieren ihn im Streifenwagen und melden den großen Fang per Funk. Wir gehen taktisch genauso vor, wie es Jupp gefordert hat.

Auf der Nachbardienststelle legt Lucci los: „Ja wisst Ihr, wir haben Eure Fahndung mitbekommen und haben uns gedacht, dass der Gesuchte sich vielleicht aus der Stadt hinaus in die ruhige ländliche Gegend flüchtet, da dort ja die Polizeidichte nicht so hoch ist.

Uns war auch klar, dass der Fahndungsdruck, der erzeugt wird, den Mann mürbe machen würde. Letztlich haben wir natürlich auch ein wenig Glück gehabt, aber unsere dienstliche Erfahrung gepaart mit etwas taktischem Geschick hat dieses Glück auch erzwungen."

Ich lausche dem kurzen Monolog von Lucci, dann verabschieden wir uns und fahren zurück zu unserer Dienststelle.

Lucci lacht bis über beide Ohren und erklärt:

„Ich bin lieber ein Angeber, als ein Dummkopf. Wenn ich nicht so aufgetrumpft hätte, wären wir jetzt die Lachnummer und alle würden über uns herziehen. Jetzt bleibt denen eigentlich nichts anderes übrig, als uns zu belobigen."

Wir fahren zurück zur Dienststelle. Wenn wir auf der Nachbardienststelle die Helden waren, so sind wir in unserem eigenen Nest die Deppen.

„Ihr könnt ja ruhig mal abschalten, aber vorher müsst ihr schon noch einschalten, aber nächstes Jahr üben wir das, da haben wir ein Schaltjahr"

Da stehen sie alle, alle meine Kollegen stehen im Eingang Spalier und tosender Beifall dröhnt uns entgegen.

Der Beifall dringt weiter in meine Ohren, er hört nicht auf, er soll nicht aufhören, Gänsehaut überläuft meinen Körper.

Alle bilden einen Kreis, auch Lucci, ich stehe mittendrin, wie ich es in diesem Buch immer war, mittendrin, akzeptiert und respektiert.

Ich habe nette Kollegen kennengelernt, Freunde fürs Leben, in meinen Gedanken sollen es meine Kollegen und Freunde bleiben.

Schlussgedanken

Sie haben sich nun durch das Buch gelesen und die Geschichten von Lucci, Olaf dem Baron, Peter dem Dichter, Jupp oder auch von Loreley und mir, dem fiktiven Herrn Braun(i) miterleben können. Die Hauptdarsteller, die es ja tatsächlich gibt, werden sich in all den Geschichten wiedererkennen. Geschichten, die tatsächlich alle passiert sind, und Sie als Leser waren so nah dabei, wie es eben nur geht, als gedachter Streifenpartner und Mitglied der Dienstgruppe.

Es spielt keine Rolle, wo die Geschichten spielen, wo die Dienststelle steht, alles ist austauschbar. Das Privatleben der im Buch vorkommenden Personen wurde konsequent nicht beleuchtet, das ist nicht austauschbar und unterliegt dem Schutz der Privatsphäre.

Vielleicht ist uns gelungen, Sie lieber Leser zu unterhalten, etwas zum Nachdenken zu animieren, Neugierde zu wecken und vor allem um Verständnis zu werben, Verständnis für die Polizisten, von denen Sie ja zumindest für die Zeit, in der Sie das Buch gelesen haben, sagen können: „Meine Kollegen"

Vielen Dank noch einmal an alle, die hier geholfen haben, dass das Buchprojekt jetzt vorliegt und vielen Kindern mit dem Erlös geholfen werden kann, letztlich ist das Buch ein Mittel für den guten Zweck.

Ihr
Walter Reick

Glossar

Polizist, Schutzmann, Wachtmeister oder Bulle.

All diese Begriffe haben Sie in diesem Buch gefunden. Auch für Insider sind diese kurzen Erläuterungen überraschend, die aus dem frei zugänglichen Quellen des World Wide Web (Wikipedia) entnommen sind:

Schutzmann:

Der Begriff leitet sich von „Schutzpolizei" ab. Dies ist, grob gesprochen, die Einheit der Polizei, die uniformiert auf der Straße ihren Dienst versieht. Daher war ein anderer früher gebräuchlicher Begriff auch der Schupo.

Uhle oder Uul:

Es kommt von Uul (Eule). Denn schließlich ist die heutige Polizei aus der ehrbaren Zunft der Nachtwächter hervorgegangen.

Wachtmeister:

Der Wachtmeister ist ein militärischer Unteroffiziersdienstgrad. Bei der Polizei in der Bundesrepublik Deutschland war er bis in die 1980er Jahre der unterste Dienstgrad, in der Volkspolizei der DDR bis 1990 der höchste Mannschaftsdienstgrad.

Bulle:

Warum werden Polizisten als Bullen bezeichnet?

Von den Gras fressenden Weidetieren stammt das Schimpfwort jedoch nicht ab. Und: Ein Schimpfwort ist „Bulle" erst Recht nicht. Es ist eigentlich ein Achtungsbeweis für Polizeibeamte und bedeutet: Kluger Mensch

Schon im 18. Jahrhundert nannte man die Gendarmen, die Vorläufer der heutigen Schutzpolizei, „Landpuller", „Landbohlwer" oder „Bohler". Der Ausdruck wurde je nach der regionalen Mundart abgewandelt. Der Ursprung dieser Wörter liegt in dem niederländischen Begriff „Bol", was so viel wie „Kluger Mensch" bedeutet. Ein „Landpuller", „Landbohlwer", „Bohler" oder abgewandelt ein „Bulle" ist demnach ein Mensch mit Kopf und Hirn.

Die Unterstützer und Spender

Ich danke allen, die dieses Buch und die damit verbundene Spendenaktion unterstützt haben.

ABC-TEAM SPIELPLATZGERÄTE, RANSBACH-BAUMBACH

ABELE OPTIK, KOBLENZ

BLUMEN BRÜHL, GÄRTNEREI IN WINNINGEN

BLUMEN WILBERT, GÄRTNEREI IN KOBLENZ-GÜLS

CAFÉ HAHN, KOBLENZ

DEBEKA, KOBLENZ

DER MOSELANER REISEDIENST KRÖBER, WINNINGEN

DEUTSCHER ALPENVEREIN - SEKTION KOBLENZ

DR. HERRMANN GRUPPE, BERLIN

EDEKA GÖRZEN, KOBLENZ METTERNICH

EVM - ENERGIEVERSORGUNG MITTELRHEIN, KOBLENZ

GDP GEWERKSCHAFT DER POLIZEI

GEBRÜDER MANFRED UND RALF BOLZ, AUTOTECHNIK + REIFEN, KOBLENZ

GESUNDHEITSZENTRUM SCHLOSSBERGHOF, MARZOLL

GETRÄNKE-RHEINMOSEL DHG, BRODENBACH

KRÖBER MEDIZINTECHNIK, DIEBLICH

LOTTO RHEINLAND-PFALZ

LVM VERSICHERUNGEN INGO WEBER, WINNINGEN

MICHAEL MÜLLER, KFZ MEISTERBETRIEB, WINNINGEN

MM FILMSTUDIO, MANFRED MERTZ

PETER BÜNDGEN BAUUNTERNEHMEN, KOBLENZ

R. SCHLICKUM APOTHEKE WINNINGEN, THOMAS SCHÄFER e.K

SASCHA LING AXA/DBV VERSICHERUNGEN

SISEVA – SICHERHEITSDIENSTE, URMITZ

SPARKASSE KOBLENZ

VDP VERLAG DEUTSCHE POLIZEILITERATUR, HILDEN

VOLKSBANK MÜLHEIM-KÄRLICH

VOLLKORNBÄCKEREI BARTH, NIEDERFELL

WELLVITALHOTEL BERGBLICK, BALDERSCHWANG, SONJA, RUDOLF UND THOMAS TORGHELE

ASTRID LINDGREN - GRUNDSCHULE WINNINGEN

GRUNDSCHULE AN DER NIEDERBURG KOBERN-GONDORF

GEMEINSCHAFTSKLINIKUM MITTELRHEIN, KINDER- UND JUGENDMEDIZIN IN KOBLENZ

UNNAUER PATENSCHAFT ZUR UNTERSTÜTZUNG KREBS- UND SCHWERSTKRANKER KINDER